KB097045

자본의 꿈 기계의 꿈

19세기 프랑스에서 일어난 혁명들의 상징적 인물, 루이 오귀스트 블랑키(1805~1881).
자본가가 기계에서 자신의 이상을 발견했다고 해서
자본주의적 사용이 곧 기계 사용의 이상적 형태인 것은 아니다.
자본가의 시선과 기계의 시선은 다르다. 마르크스는 깨어 있는 기계의 시선을 느꼈다.
그래서 기계를 블랑키보다도 위험한 혁명가라고 했다.

발터 베냐민(W. Benjamin)은 어떤 것의 아우라를 경험한다는 것은 "시선을 여는 능력을 그 현상에 부여하는 것"이라고 했습니다.[1] 시인들이 잘하는 일이지요. 시인은 사물에 눈뜨는 능력을 부여하고 그 시선을 느끼는 사람입니다. 시인 덕분에 깨어난 사물은 꿈을 꾸고 그 꿈을 쫓아오도록 시인을 유혹하지요.[2] 자신이 그리는 세계로 시인을 끌어들이는 겁니다.

　　그런데 과연 시인만이 사물을 일깨우는 사람, 사물이 깨어 있음을 느끼는 사람일까요. 나는 유물론자의 성패 또한 여기 있지 않을까 생각합니다. 역사유물론자는 사물의 운명이 결정되어 있다고 믿지 않습니다. 사물의 운명이 예정되어 있다고 믿는 사람, 다시 말해 사물을 죽은 존재로 간주하는 사람이야말로 목적론자이고 관념론자입니다. 사물의 배치를 읽을 때 역사유물론자는 그것의 운명을 읽으면서 동시에 그것에 잠재된 다른 운명을 읽습니다.

　　마르크스는 자본가가 기계에서 고정자본의 이상적 형태를 발견한다고 해서 자본주의적 사용이 기계 사용의 이상적 형태인 것은 아니라고 말한 바 있습니다.[3] 자본가가 기계를 바라보며 꾸는 꿈이 기계 자신의 꿈은 아니라는 거죠. 자본가의 시선과 기계의 시선은 다릅니다. 마르크스는 깨어 있는 기계의 시선을 느낍니다. 그는 거기서 혁명가를 느꼈습니다. 그래서 기계를 블랑키(Louis A. Blanqui)보다도 위험한 혁명가라고 했지요.

기계가 꿈꾸는 세상. 자본주의에서 기계는 무슨 꿈을 꿀까요. 기계는 스스로를 무엇이라고 생각할까요. 사물의 꿈을 읽어내는 유물론자. 책을 쓰는 내내 이 문구가 머릿속을 떠나지 않았습니다.

차례

일러두기

- 『자본의 꿈 기계의 꿈』은 열두 권의 단행본과 열두 번의 강연으로 채워지는 〈북클럽 『자본』〉시리즈의 8권입니다. 〈북클럽 『자본』〉은 철학자 고병권이 카를 마르크스의 『자본』 I권을 독자들과 함께 더 깊이, 더 새롭게, 더 감성적으로 읽어나가려는 기획입니다.

- 『자본의 꿈 기계의 꿈』은 『자본』 I권 제4편 "상대적 잉여가치의 생산"의 제13장 '기계와 대공업'을 다룹니다. 〈북클럽 『자본』〉의 출간 목록과 다루는 내용은 아래와 같습니다. 괄호 안은 『자본』 I권의 차례이며 독일어 판본(강신준 옮김, 『자본』, 길)을 기준으로 삼았습니다.

- 〈북클럽『자본』〉에서 저자는 독일어 판본 '마르크스·엥겔스전집'
  *MEW: Marx Engels Werke*과 김수행이 우리말로 옮긴 『자본론』(I,
  비봉출판사, 2015), 강신준이 우리말로 옮긴 『자본』(I, 길, 2008)을
  참고했습니다. 본문 내주는 두 번역본을 기준으로 표기하되
  필요하면 지은이가 번역문을 수정했습니다. 단, 본문에서
  마르크스의 『자본』 원문의 해당 장(章)을 언급할 때, 시리즈의
  3권부터는 독일어 판본을 기준으로 표기하고 영어 판본(김수행
  번역본)이 그것과 다를 경우 괄호로 병기했습니다.

- 〈북클럽『자본』〉은 이전에 없던 새로운 활자체를 사용하였습니다.
  책과 활자를 디자인하는 심우진이 산돌커뮤니케이션과 공동 개발한
  「Sandoll 정체」가족의 530, 630입니다. 그는 손글씨의 뼈대를
  현대적으로 되살려 '오래도록 편안한 읽기'를 위한 본문 활자체를
  제안하였습니다. 아울러 화자의 호흡을 고스란히 드러내는
  문장부호까지 새롭게 디자인하여 글이 머금은 '숨결'까지
  살려내기를 바랐습니다.

1

기계괴물의 출현

19세기 대공장의 기계시스템에 대한
마르크스의 묘사는 아주 인상적입니다.
마르크스는 '개별적' 기계들 대신
하나의 '기계괴물'이 등장한다고 말하고 있습니다.
그런데 이 기계괴물은
이전에 매뉴팩처 작업장에서 일하던
거인 노동자와는 퍽 다릅니다.
기계괴물에 비하면, 그것은 그저 힘만 센
순박한 '거인'처럼 보이죠.
마르크스는 근대 '과학기술'이 집약된
기계시스템을 '악령적 힘'이라고 표현했습니다.
건물만큼이나 커다란 괴물이
사지를 느릿느릿 움직이더니
곧바로 괴성을 지르며 광적인 몸짓을 보입니다.

만 레이, 〈무용수—위험〉, 1920.
"문제는 더 이상 인간과 기계의 대립이 아니라
인간이 일부가 되는 기계의 구성이다."
질 들뢰즈와 펠릭스 가타리는 작은 톱니바퀴들로 무용수의 모습을 표현한
위 작품을 보고 그렇게 말했다.
이 기계는 인간 무용수를 흉내 내지도 재현하지도 않는다.
다만 무용수를 부분으로 포함하고 있을 뿐이다.

기계는 인간의 노고를 덜어주는가. 새로운 기계가 출현할 때 광고 문구들은 한결같습니다. "우리는 더 이상 힘들이지 않고 일할 수 있다." 기계와 편리가 동의어 같습니다. 스마트폰에 설치한 앱으로 소비자는 편리하게 맛집 음식을 배달받을 수 있고 상인은 매장 없이도 장사를 할 수 있습니다. 매장에서도 자동 주문장치를 설치해두는 경우가 많지요. 음식을 배달하는 노동자도 출근할 필요가 없습니다. 집이나 공원에서 대기하다가 호출을 받으면 배달 일을 시작합니다. 모두가 편리한 세상입니다.

그런데 이렇게 '스마트한' 세상에서 인간의 노동은 줄어들었을까요. 아침식사 조리에 사용할 재료를 새벽에 배송해주는 첨단 물류시스템의 구축은 노동자의 노동을 줄여줄까요. 우리 모두가 알고 있듯이 그렇지 않습니다. 이미 사회문제로 떠오른 택배 노동자들의 과로사만 보아도 알 수 있지요. 우체국 택배 노동자만 해도 2019년(9월 14일 기준)에 열두 명이 죽었습니다.[4]

요즘은 자율주행차와 드론을 통한 배달 서비스가 곧 시작될 거라는 말도 나오는데요. 이제야말로 과로사 없는 세상이 오는 걸까요. 공학자의 꿈을 품은 아이는 마음속에 그런 세상을 그릴지도 모르겠습니다. 하지만 자본주의사회에서 노동을 해본 사람은 그게 그렇지가 않다는 걸 압니다.

◦ 기계가 '자본주의'와 만나면

『자본』의 제13장(영어판 제15장)은 존 스튜어트 밀(John Stuart Mill)의 의문으로 시작합니다. "지금까지 이루어진 기계의 발명이 과연 인간의 일상적 노고를 덜어준 것인지는 의문스럽다."[김, 503; 강, 506] 기계의 발명이 인간의 노고를 줄이지 못했음을 인정하는 거죠.

그럼 기계의 발명으로 인간이 편리해졌다는 말은 틀렸을까요. 그렇지는 않습니다. 막연히 '인간'이라고 했기 때문에 답이 모호한 겁니다. 마르크스는 여기서 밀이 인간을 더 한정했어야 했다고 말합니다. 직접 노동을 하지 않는 사람, 그러니까 '다른 사람의 노동으로 살아가는' 사람에게는 참 편리한 세상이 된 것이 사실이니까요. 마르크스의 표현을 쓰자면 "팔자 좋은 놈팡이"(vornehmen Müßiggänger)한테는 참 좋은 세상이지요.[김, 503, 각주 1; 강, 506, 각주 8] 하지만 '다른 사람의 노동으로 살아가지 않는 인간', 다시 말해 자기 노동력을 팔아야만 살 수 있는 사람한테는 그렇지 않습니다. 기계 탓에 더 빨리, 더 오래 일해야만 하는 경우가 많거든요.

기계는 인간의 노고를 줄였는가. 이렇게 말하면 음식을 배달시켜 먹는 사람, 배달 음식을 파는 사람, 그 음식을 배달하는 사람의 생각이 모두 다를 겁니다. 하지만 기계가 노동하는 인간, 즉 노동자의 노고를 줄였는가 하고 묻는다면 답은 그리 복잡하지 않습니다. 앱으로 배달 호출을 받는 노동자들은 새벽부터 밤까지 일하는 데다 임금을 건당으로 받기 때문에 오토바이의 속도를 위험할 정도로 높입니다. 고용도 불안정하지요. 무선 네트워크 기술 덕분에 업주는 필요한 시간에 필요한 일만 시킬 수 있습니다. 택배 노동자들 중에는 아예 자영업자로 간주되어 노동자의 법적 지위를 보장받지 못하는 경우도 많습니다.

왜 기계는 노동자의 노동을 줄여주진 않을까요. 마르크스는 밀의 의문에 간단하게 답해주었습니다. "그런 것은 결코 자본주의적으로 사용되는 기계의 목적이 아니"라고요.[김, 503; 강, 506] 자본가가 새로운 기계를 들여오는 것은 과로에 시달리는 노동자들의 노고를 덜어주기 위함이 아닙니다. 몇 번이고 강조합니다만, 자본가는 인류의 복지나 인간이 편리한 세상을 목표로 사는 사람이 아닙니다. 『자본』의 자본가는 '인격화된 자본'입니다. 자본가의 목표는 자본의 증식에 있지요. 그가 새로운 기계를 도입했다면 그것은 더 많은 잉여가치(이윤)를 얻기 위함입니다.

우리는 이 시리즈의 지난 7권(『거인으로 일하고 난쟁이로 지불받다』)에서 노동생산력 증대가 상대적 잉여가치를 낳는다는 것을 배웠습니다. 노동생산력이 증대하면 상품의 가치(가격)가 떨어지고, 노동자들의 생활용품 가치가 떨어지면 노동력의 가치가 떨어집니다. 이는 노동일 중 필요노동에 해당하는 부분이 줄어들고 잉여노동에 해당하는 부분이 늘어난다는 뜻입니다. 지난 책에서 우리는 작업방식의 변화로 노동생산력이 증대하는 경우를 살펴보았습니다. 이번 책에서는 기계의 도입으로 노동생산력이 증대하는 경우를 봅니다. 즉 이번에 다루는 것은 '기계를 통한 자본의 증식'이지 '인간노동의 감축'이 아닙니다. 착각하면 안 됩니다. 자본주의에서 기계의 도입은 자본가를 위한 것이지 노동자를 위한 것이 아닙니다.

참고로 조금 전에 내가 인용한 마르크스의 말 중 눈여겨볼 표현이 있는데요. "자본주의적으로 사용되는 기계"(kapitalistisch verwandten Maschinerie)라는 표현입니다. "기계의 자본주의적 사용"이라고도 하는데요. 『자본』 I권 제13장에 여러 차례 나옵니다. 이 말은 '자본주의적으로 사용되지 않는 기계' 또한 있을 수 있음을 암시하지요. 즉 마르크스는 기계의 '자본주의적 사용'을 문제 삼으면서 동시에 '비자본주의적 사용'의 가능성을 열어두는 것입니다. 비록 기계가 생산수단으로서 자본가의 사적 소유물이며 노동자들의 잉여노동을 빨아들이는 착취 장치로 기능하고 있지만 이것이 기계의 본성이나 운명은 아니라는 겁니다. 기계는 기계일 뿐입니다. 다만 어떤 조건(자본주의 생산양식)에서 기계는 자본(불변자본)이 되고 착취 장치가 되는 거죠. 사물의 본래적 의미 같은 건 없습니다. 사물이 어디에 어떻게 놓여 있는지, 즉 배치가 중요하지요.

그런데 기계에 대한 마르크스의 생각은 그 이상입니다. 그는 사물의 본래적 의미나 운명 따위는 없다는 식의 일반론을 펼치려는 게 아닙니다. 나는 종종 마르크스가 기계를 노동자의 형제자매 내지 혁명의 동지로 본다는 인상을 받습니다. 실제로 그는 한 연설에서 "증기, 전기, 자동 뮬 방적기 등"을

"바르베(Barbés), 라스파이유(Raspail), 블랑키보다도 더 위험한 혁명가들"이라고 불렀습니다.[5] 자본주의를 넘어서고자 할 때 혹은 자본주의를 넘어선 곳에서 기계는 혁명의 동지이자 생산의 친구가 될 수도 있다고 보는 것 같습니다. 물론 지금의 조건에서 기계는 자본가의 사적 소유물로서 노동자들과 적대적 관계를 맺고 있지요. 그렇기 때문에 노동자들은 기계에서 동지가 아닌 적을 보는 것이고요. 충분히 이해할 수 있는 일입니다. 하지만 마르크스는 기계에 대한 이런 시각을 극복하기를 원합니다. 이 책의 끝에서 조금 더 이야기하겠습니다만 나는 마르크스가 프롤레타리아트와 기계의 연대를 바란다고 생각합니다(『자본』은 자본의 논리적 운동을 따라가기 때문에 이 점을 충분히 보여주지 않습니다만).

○ 기계와 도구의 구별이 중요한 이유

기계를 다루는 제13장은 『자본』에서 가장 분량이 많습니다. 우리말 번역본 기준으로 170~180쪽에 달하는 엄청난 양입니다. 그만큼 기계에 대해 하고 싶은 말, 해주고 싶은 말이 많다는 뜻이겠지요. 중요성이 분량에 비례한다고는 말할 수 없지만 마르크스가 기계를 얼마나 중요하게 생각하는지에 대한 방증은 될 겁니다. 생산과정이 기계제로 재편된 것이 사회 전체에 초래한 변화(그리고 앞으로 초래할 변화)가 매우 컸고 또 이것이 자본주의 발전의 기본 추세라고 보았기 때문일 겁니다. 그리고 기계와 노동자의 관계가 어떻게 변화해왔고 또 변해갈지 함께 생각해보고 싶었기 때문이기도 할 것이고요. 『자본』 제13장은 주제도, 분량도 방대합니다. 그래서인지 이 장 전체가 하나의 소책자처럼 느껴집니다. 책 속의 책 같다고 할까요. 기계의 자본주의적 사용에 관한 경제학·사회학·역사학·정치학이 모두 망라된 느낌입니다. 그럼 이제 책 속으로 들어갈까요.

기계란 무엇인가. 마르크스는 '도구'와 '기계'를 구분함으로써 이 질문에 답하려 합니다. 기계가 얼마나 독특한 것인지를 보여줌으로써 '매뉴팩처'와 '기계제 대공업'의 차이를 알게 해주려는 뜻이지요. 마르크스에 따르면 매뉴팩처는 작업방식의 변화, 즉 노동력을 어떻게 조직하는가가 중요한 생산형태입니다. 그러나 기계제 대공업은 노동수단(Arbeitsmittel)에서 일어난 혁신의 결과입니다. 노동수단이 도구(Werkzeug)에서 기계(Maschine)로 바뀐 거죠.[김, 504; 강, 507] 그러므로 도구와 기계의 차이를 알지 못하면 기계제 대공업의 새로움을 이해할 수 없습니다. 마르크스에게 '기계란 무엇인가'라는 물음이 '기계는 도구와 어떻게 다른가'를 의미하는 이유가 여기에 있습니다. 그가 기계에 대해 물음을 던진 것은 기계의 본성에 대한 형이상학적 답변을 내놓기 위해서가 아니라 자본주의 생산형태에서 일어난 역사적 변화를 말하기 위해서이니까요.

마르크스는 도구와 기계에 대한 두 가지 견해를 비판하면서 논의를 시작합니다. 하나는 도구와 기계를 동일시하는 견해이고, 다른 하나는 동력원에 따라 둘을 구분하는 견해입니다.

전자를 마르크스는 수학자와 공학자의 견해라고 하는데요. 이들은 기계란 단지 복잡한 도구일 뿐이라고 말합니다. 기계도 해체하면 단순한 부품, 이를테면 나사와 톱니바퀴, 도르래 같은 것이 되지요. 아르키메데스의 지렛대에서 현대 공장의 기계장치까지 복잡성은 다르지만 본질은 다르지 않다는 겁니다. 마르크스는 이런 견해가 역학적으로는 몰라도 경제학적으로는 별 의미가 없다고 말합니다. "거기에는 역사적 요소가 빠져 있기 때문"이지요.[김, 504; 강, 507] 역사유물론자로서 그의 면모가 엿보이는 지적입니다. 사물이 놓인 사회적 배치, 역사적으로 나타난 특정한 생산양식, 특정한 사회형태를 이해하지 못하면 그것의 의미를 읽어낼 수 없습니다. 이는 상품과 노동생산물을 구분하지 못하는 것과 같지요. 경제학적 가치에 대해서는 아무것도 말해줄 수 없습니다(마르크스의 역사유물론과 공학자들의 '추상적·자연과학적 유물론'의 차이가 여기에 있지요[김, 505, 각주 4; 강, 508, 각주 89]).

동력원에 따라 도구와 기계를 구분하는 후자의 견해도 역사성과 관련해서는 비슷한 문제를 안고 있습니다. 이런 입장에 선 사람들은 인간을 동력원으로 하는 것이 도구이고, 동물이나 물이나 바람 등 자연력을 동력원으로 하는 것을 기계라고 했는데요. 이런 구분에 따르면 소가 끄는 쟁기는 기계이지만, "노동자 한 사람이 손으로 가동시키는 1분에 9만 6000

코를 짜내는 클라우센식 회전직기"는 도구가 됩니다. 똑같은 방직기라 해도 손으로 돌리면 도구이고 나귀나 증기로 돌리면 기계가 되지요. 그러나 도구로 물건을 제작한 수공업 시대 이전에도 인간은 소를 이용해 쟁기질을 했고 물레방아를 돌렸습니다. 그러므로 이런 식의 구분을 통해서는 19세기 대공업에 등장한 기계시스템을 이해할 수 없습니다.[김, 504~505; 강, 507~508]

그렇다면 마르크스는 도구와 기계를 어떻게 구별할까요. 그는 둘의 계보를 완전히 다른 것으로 이해합니다. 한마디로 도구는 기계의 조상이 아닙니다. 19세기 대공장의 기계(Maschinerie)는 매뉴팩처의 도구가 발전한 게 아니라는 이야기죠. 마르크스는 매뉴팩처에서도 '기계'(Maschinerie)를 볼 수 있다고 했습니다. 그런데 그것은 망치나 제분기 같은 도구를 지칭한 게 아니었습니다[제분기도 일종의 '기계'(Maschine)입니다만 여기서 말하는 '기계'(Maschinerie)와는 다릅니다. 이 시리즈의 7권에서도 언급했지만, 전자는 하나의 사물, 독립된 장치로서 기계를 말하는 것이고, 후자는 일종의 시스템으로서 기계를 가리킵니다(『거인으로 일하고 난쟁이로 지불받다』, 137~139쪽)]. 마르크스가 매뉴팩처에서 본 '기계'는 노동자들이었습니다. 정확히 말하자면 개별 노동자가 아니라 '전체노동자'이지요.[김, 475; 강, 481] 노동자들 전체가 결합된 노동력으로서 하나의 메커니즘을 이룰 때 그것을 19세기 대공장 기계의 선구적 형태로 본 겁니다.

기계를 이런 식으로 이해하면 기계의 계보가 완전히 달라집니다. 기계의 선조를 찾으려면 아르키메데스의 지렛대가 아니라 그리스의 밀집부대(密集部隊) 같은 걸 보아야 한다는 뜻입니다. 개별 인간들이 부품처럼 들어간 전체가 하나의 통일된 메커니즘으로 움직이니까요. 정말로 기계적이지요. 아니, 비유가 아닙니다. 마르크스의 기계 개념에 충실하려면 우리는 이 밀집부대를 실재의 전투기계로 보아야 합니다.

마르크스의 '기계' 개념과 관련해 중요한 물음은 전체가 하나의 메커니즘을 이루느냐 하는 것입니다. 기계는 인간의 반대말도 아니고 인간의 대체물도 아닙니다. 영화 〈터미네이터〉 같은 공상과학물에서는 인간과 기계가 대립하고 앞으로 기계가 인간을 지배하는 세상이 올지도 모른다고 경고하는데요. 내 생각에 이것은 현실적인 이야기가 아닙니다. 기계가 그렇게까지 발전하지는 않을 거라고 생각해서가 아닙니다. 내가 공감하지 않는 것은 인간이 기계와 별도로 존재해 기계와 맞선다는 상상입니다. 실제로 진행되는 것은 인간과 기계의 접속이고 인간의 기계화죠. 미래에는 지금보다 훨씬 다양한 형태의 '인간-기계들'이 존재할 겁니다. 인간의 신체 안에 작은 기계들이 들어올 것이고(이미 인공관절이나 인공장기는 물론이고 다양한 생체 칩들이 개발되어 있습니다), 인간신체가 다른 부분기계들과 접속하면서 더 큰 기계시스템을 이룰 겁니다(이 경우에는 인간신체가 전체 시스템의 부분기계가 되겠지요).

기계제로의 전환에서 마르크스가 중요하다고 본 것은 인

간의 부품화 즉 부분기계화입니다. 즉 인간이 다른 인간이나 다른 사물과 하나의 메커니즘, 하나의 기계를 이루는 것이지요(물론 이 과정에서 기계시스템에 적합하지 않거나 불필요한 노동자는 대거 축출될 겁니다. 이에 대해서는 따로 다루겠습니다). 마르크스는 매뉴팩처에서 개별 노동자들을 '부분노동자'(Teilar-beiter)라고 했습니다. 부분노동자란 온전한 노동자가 아닙니다. 온전한 것은 '살아 있는 메커니즘'으로서 '전체노동자'뿐이고, 개별 노동자들은 '부분노동자'로서 전체노동자의 한 기관으로만 존재합니다. 그런데 마르크스는 기계제(기계시스템)에서는 '부분기계'(Teilmaschine)라는 말을 씁니다. 전체노동자와 부분노동자의 관계가 기계시스템과 부분기계의 관계로 바뀐 거죠.[김, 514~515; 강, 516~517] 이것은 인간인 '부분노동자' 대신 기계부품을 사용한다는 뜻도 있지만 그 이전에 '부분노동자'가 '부분기계'가 된다는 뜻도 담고 있습니다.

물론 매뉴팩처에서도 부분적 인격 상실은 있었습니다. 부분노동자란 일종의 부분인간이니까요. 그런데 기계제에서는 원리상 노동자의 인격이 완전히 사라집니다. 노동자가 인간이 아니라 기계시스템의 한 부품, 즉 부분기계가 되는 것이니까요. 기계제는 기계가 인간을 재현하는 시스템도 아니고 기계와 인간이 대립하는 시스템도 아닙니다. 기계제는 인간이 기계의 한 부분이 되는 시스템입니다(이에 대해서는 이번 책의 3장 '기계노동자와 절망 공장'에서 공장의 작업형태를 구체적으로 다룰 때 다시 이야기하겠습니다).

∘ '도구'가 발전해 '기계'가 되는 것이 아니다

"문제는 더 이상 인간과 기계의 대립이 아니라 인간이 일부가 되는 기계의 구성이다." 이는 질 들뢰즈(G. Deleuze)와 펠릭스 가타리(F. Guattri)가 만 레이(Man Ray)의 작품 〈무용수-위험〉 DANCER-DANGER(1920)에서 읽어낸 것이기도 한데요.[6] 만 레이는 작은 톱니바퀴들로 무용수의 모습을 표현했습니다. 하지만 엄밀히 말해 이 톱니바퀴들이 무용수의 운동을 재현한다고 볼 수는 없습니다. 톱니바퀴의 연결을 보면 무용수의 움직임은 고사하고 단순한 운동도 전달할 수 없을 것 같습니다. 이 장치가 인간의 운동을 재현할 수 있는지, 더 나아가 인간을 대체할 수 있는지를 묻는다면 불가능하다고 답해야겠지요. 이 기계는 인간 무용수가 아니고 인간 무용수도 기계가 아닙니다.

그런데 들뢰즈와 가타리는 기계가 인간을 재현하거나 확장하거나 대체할지를 따지는 것은 더 이상 문제가 아니라고 했습니다. 이들에 따르면 만 레이의 작품 속 기계는 무용수를 재현하지 않지만 무용수를 부분으로 포함하고 있습니다(무용수가 전체로 들어간 것은 아니지만 무용수를 구성하는 어떤 부분, 혹은 이렇게 말해도 좋다면 '부분무용수'가 비인간적 형태로 들어가 있습니다). 이것이 중요합니다. 인간이 하나의 부품이 되어 다른 부품, 다른 사물들과 어떻게 하나의 기계를 이루는지 말입니다. 인간은 기계의 부품이 될 수 있습니다. 달리 말하면 인간이 다른 부품들과 소통할 수 있다면 인간은 "기계를 이룬다"

(fait machine)라고 말할 수 있습니다.[7]

앞서도 말했지만 마르크스가 매뉴팩처의 전체노동자, 그러니까 부분노동자들과 그들의 도구들로 이루어진 전체 메커니즘을 하나의 기계라고 부른 것은 의미가 있습니다. 전체가 기계라면 부분들은 부품이라고 할 수 있을 텐데요. 매뉴팩처에서는 다만 그 부품들이 살아 있는 인간이었을 뿐입니다. 이 점에서 들뢰즈와 가타리는 고대 그리스의 밀집부대나 유목민들의 전투부대('인간-말-활'로 이루어진 집합체)를 기계의 계보에 넣습니다. 아울러 대제국의 '관료제'도 기계라고 했습니다. 그리스의 밀집부대나 유목민들의 기마부대가 전투기계라면 대제국의 관료제는 거대 공사를 가능케 하는 노동기계라고요.[8]

관료제 이야기가 나왔으니 말인데요, 막스 베버(Max Weber)도 관료제를 기계라고 불렀습니다. 『직업으로서의 정치』에서 그는 관료제를 인간들로 이루어진 '멘센아파라트'(Menschenapparat) 즉 '인간장치'라고 했는데요. 앵글로색슨계의 나라에서 쓰는 용어로 하자면 '머신'(machine)이라 할 수 있다고 했지요.[9] 그는 이 기계가 국가행정만이 아니라 정당, 기업, 시민단체 등에서도 작동한다고 이해했습니다. 관료화가 이루어지면 합리성과 효율성이 증대하지만 그 안에서 인간은 자율성을 잃습니다. 하나의 부품으로서 기계시스템의 내적 논리에 따라 굴러갈 수밖에 없는 존재가 되지요. 『사회경제사』에서는 '기구(장치)'(Apparat)와 '기계'(Maschine)를 구분했습니다. 그에 따르면 "기구는 인간에 봉사하는 데 반해 근대적 기계는 이와 정반대"[10]입니다[물론 베버는 마르크스처럼 기계시스템 도입이 매뉴팩처 작업장과 19세기 공장(Fabrik)의 결정적 차이라고 보지는 않았습니다].

다시 들뢰즈와 가타리의 이야기를 조금 더 소개하겠습니다. 이들은 기계를 도구에서 진화했다고 보는 고전적 도식(기술사에 대한 생물학적·진화론적 도식)을 비판하면서 "처음부터 도구와 기계 사이에 본성의 차이를 정립해야 한다"라고 주장했습니다[11](이 비판은 기술사에 대한 다윈주의적 접근을 두고 마르크스가 가한 비판과 사실상 같은 내용입니다.[김, 505, 각주 4; 강, 508, 각주 89] 다윈주의에 대한 마르크스의 비판은 부록노트 I '마르크스와 다윈'을 참고하세요). 들뢰즈와 가타리에 따르면 도구는 '접촉의 대행자'(agent)이고, 인간의 힘과 운동을 대상에 '투사하는'(projectif) 수단입니다. 말이 좀 어려운데요. 풀어서 이야기하면 이런 겁니다. 인간은 도구를 통해 대상에 접촉하고 대상에 힘을 가합니다. 과일을 자르는 칼은 인간 손을 대신해 과일에 접촉하고 인간의 힘과 운동을 전달하지요. 이 점에서 도구는 인간의 신체기관의 확장이라고 할 수 있습니다. 그런데 기계는 그렇지 않습니다. 기계는 일방적으로 대상에 인간의 힘과 운동을 전달하는 것이 아닙니다. 이들에 따르면 기계에서는 소통(communication)이 중요합니다. 힘과 운동을 일방적으로 투사하는 게 아니고 되돌아오는(récurrent) 것이 있지요.[12] 인간 몸의 각 장기들이 신진대사를 이루듯 사물들이 하나의 메커니즘을 이루며 서로 소통한다면 그것들은 하나의 기계를 이룬다고 할 수 있습니다.

그러므로 도구와 기계는 전혀 다른 것이지만 한 사물은 도구가 될 수도, 기계가 될 수도 있습니다. 그것이 도구인가, 기계인가는 해당 사물의 본성에 달린 문제가 아닌 겁니다. 마치 노예와 노동자는 본성상 완전히 다른 존재이지만 노동하는 어떤 사람이 노예가 될지 노동자가 될지는 그 인간의 본성에 달린 문제가 아닌 것처럼 말입니다. 이를테면 긴 막대에 꽂은 칼은 도구가 될 수도 있고 기계가 될 수도 있습니다. 누군가 높은 곳에 매달린 과일을 따기 위해, 즉 자신의 힘과 운동을 투사하는 수단으로 쓴다면 그것은 도구입니다. 하지만 그리스의 밀집부대 속에 들어가면 그것은 각각의 보병과 더불어 전체 기계시스템의 부품이 됩니다. 창을 든 다른 보병들과 하나의 메커니즘을 이루면서 시스템의 일부가 되는 거죠.

나는 들뢰즈와 가타리의 기계 개념이 마르크스의 기계 개념에 잘 부합한다고 생각합니다. 그리고 나는 이들이 기계의 고전적 도식을 비판하고 도구와 기계의 본성을 구분할 때, 지금 우리가 읽고 있는 『자본』 제13장을 틀림없이 참조했을 것이라고 봅니다(이들이 그 점을 밝히고 있지는 않습니다만). 그러나 지금 여기서 내가 이들을 따라 기계 개념을 더욱 확장해나갈 생각은 없습니다. 나는 이것을 19세기 대공장의 기계제를 이해하는 방편으로만 사용하고자 합니다.

사실 들뢰즈와 가타리의 기계 개념은 사회체계 전체, 마르크스가 사회유기체라고 말한 사회형태 전체에도 적용할 수 있습니다. 더 나아가 마르크스가 인간의 비유기적 신체라고 부른 자연 전체에도 적용할 수 있고요. 일종의 신진대사(메커니즘)가 작동하는 한에서 말입니다(이 경우 유기체와 기계는 반대말이 아닙니다). 기계에 대한 이러한 개념화는 우리에게 기계와 생명, 사회에 대한 새로운 인식을 열어줍니다. 하지만 이쪽으로 논의를 계속 끌고 가면 『자본』의 기계제 대공업에 대한 논의에서 너무 멀리까지 가게 됩니다. 논점이 지나치게 확장되면서 불필요한 논쟁거리들이 들어오겠지요. 그래서 이 책에서는 지금까지 내가 이어온 기계에 대한 논의를 노동과정의 변화에 한정하려 합니다. 매뉴팩처의 도구와 대공장의 기계가 어떻게 다른지를 보이는 용도로만 참조하겠다는 말입니다.

　。 산업혁명은 '동력기계'가 일으킨 혁명이 아니다
마르크스는 대공장의 기계시스템을 세 부분으로 나누는데요. 하나는 '동력기계'(Bewegungsmaschine)이고 다른 하나는 '전동기계'(Transmissionsmechanismus), 마지막 하나는 '작업기계'(Werkzeugmaschine)입니다. 기계시스템은 동력을 만들어내는 기계와 동력을 전달하는 장치 그리고 작업을 수행하는 기계로 이루어져 있다는 뜻입니다. 그런데 마르크스에 따르면 소위 '산업혁명'은 마지막 부분, 즉 '작업기계'에서 일어난 혁명입니다.[김, 506; 강, 509]

　앞서 기계와 도구를 구분할 때도 그렇고 산업혁명에 대

해서도 그렇고, 새로운 동력에 주목하는 사람이 많습니다. 증기기관 발명이 산업혁명을 낳았다는 식으로 말하는 사람이 많지요. 마르크스의 생각은 이런 통념과 크게 다릅니다. 그에 따르면 인력이 아니라 자연력(물, 바람 등)을 동력으로 쓰는 기구들은 매뉴팩처 시대에도 있었습니다. 반대로 산업혁명이 시작된 후로도 말이나 노새, 심지어 사람의 힘을 동력으로 쓰는 기계는 있었고요. 동력을 어디서 어떻게 구했는가는 산업혁명에 결정적 요인이 아니었다는 말입니다. 증기기관의 출현도 생산양식을 바꾸지 못했습니다. 증기기관은 동력원으로서 물, 바람, 동물, 인간을 대체했지만 생산양식까지 교체한 것은 아닙니다. 증기기관은 사실 매뉴팩처 시대의 발명품이었지요. 마르크스는 이렇게 말합니다. "17세기 말의 매뉴팩처 시대에 발명되어 1780년대 초까지 존속한 증기기관은 어떠한 산업혁명도 일으키지 못했다."[김, 508~509; 강, 511]

대공업 시대의 일반적 동력기계로 등장한 제임스 와트(James Watt)의 증기기관 이전에도 증기기관이 있었습니다. 와트의 증기기관도 처음에는 "물을 퍼 올리는 양수기"로나 쓰였을 뿐입니다.[김, 508, 각주 9; 강, 511, 각주 94] 증기기관은 동력을 공급했을 뿐이고 작업은 여전히 인간의 손으로 이루어졌지요. 이를테면 철강 매뉴팩처에서 철판을 망치로 내리치며 제품을 만드는 것은 여전히 인간 노동자였습니다. 증기기관은 풀무와 연결되어 풀무질만 열심히 했을 뿐이지요. 즉 동력기계인 증기기관은 풀무질하던 인간을 대체했을 뿐 제품

을 만들던 인간을 대체하지는 못했습니다.[김, 508; 강, 511]

　　19세기 공장에서 기계제가 매뉴팩처를 대체했다는 것은 '기계'가 '작업하는 인간'을 대체했다는 뜻입니다. 마르크스가 작업기계에 주목하는 이유가 여기에 있습니다. 사실 대공업 초기의 작업기계들은 그 형태상 매뉴팩처 노동자들이 쓰던 도구와 큰 차이가 없었습니다. 노동자들이 쓰던 바늘, 칼, 톱 등을 큰 기계장치에 매단 수준이었지요. 형태상으로 별 차이가 없음에도 그것들이 기계인 이유는 무엇일까요. 동력원 때문이 아닙니다. 그것들이 기계인 이유는 "인간의 도구가 아니라 한 메커니즘의 도구 혹은 기계적 도구로서 나타났다"라는 사실 때문입니다.[김, 506; 강, 509] 그것들이 '인간의 도구'였을 때는 인간의 뜻대로 인간의 신체 리듬에 맞추어 움직입니다. 그러나 '기계의 도구'가 되는 순간 그것들은 전혀 다른 존재가 됩니다.[김, 507; 강, 510] 움직이는 방식과 속도가 완전히 달라집니다. 한마디로 도구에서 기계(부분기계)로 변신하는 겁니다.

　　이 변신은 너무나 확연합니다. 작업형태나 리듬이 완전히 달라지니까요. 기계의 일부가 되는 순간 과거의 도구들은 금세 인간적 한계를 벗어나버립니다. 매뉴팩처 시대에는 아무리 도구를 개량해도[그것들 중 일부는 기계(Maschine)라는 이름을 달고 있었습니다], 인간의 도구인 한 어떤 한계가 있었습니다. 마르크스에 따르면 독일에서는 1명의 방적공으로 하여금 두 개의 방차를 밟게 하려는 시도가 있었는데요, 두 손 두 발을 모두 사용해 작업하도록 만든 기구가 그것이었습니다. 그러나 이 기구를 움직일 수 있는 숙련공은 "머리가 둘 달린 인간만큼이나 드문"었습니다. 너무 정신 사나워서 일을 제대로 할 수가 없었지요. 반면 대공업 시대 초기의 작업기계인 제니 방적기는 처음부터 12~18개의 방추를 썼고, 양말 편직기는 한꺼번에 수천 개의 바늘을 썼습니다.[김, 507; 강, 510] 인간의 머리가 하나인지 둘인지, 손발이 두 개인지 네 개인지는 고려할 필요가 없었으니까요. 이때 인간은 더 이상 고려 사항이 아닙니다. 이것이 방추나 바늘이 인간의 도구일 때와 기계의 도구일 때, 즉 기계(부분기계)일 때의 차이입니다.

드디어 작업기계가 작업인간을 대체한 겁니다. 더 이상 마누스(manus), 즉 '인간의 손으로' 작업을 하지 않게 되었습니다. 매뉴팩처가 끝난 거죠. '기계가 인간을 대체했다'라고 하니 오해하는 사람이 있을지 모르겠습니다. 앞에서 내가 들뢰즈와 가타리의 입을 빌려 인간의 재현이나 대체는 중요한 물음이 아니라고 했으니까요. 하지만 두 대체는 다른 것입니다. 기계가 인간을 재현하거나 대체하는 게 아니라고 했을 때 의미하는 바는 기계가 인간을 흉내 내는 것이 중요한 문제가 아니라는 말이었습니다. 기계는 노동에 있어 인간을 닮을 필요가 없습니다. 인간과 똑같은 방식, 똑같은 리듬으로 일할 필요가 없지요. 이 점에서 기계는 인간이 아닙니다. 하지만 기계제 공장에서 기계가 인간을 대체했다고 할 때는 재현이 아니라 축출을 의미합니다. 생산력 증대로 노동자를 줄이게 된 것이지요. 기계시스템의 부품으로서 필요성이 없는 노동자는 공장에서 쫓겨납니다.

또 하나 오해가 있을 수 있는데요. 산업혁명에서 작업기계가 중요했다는 말 때문에 동력기계는 아무런 역할도 못한 것처럼 생각할 수도 있겠습니다. 생산형태가 매뉴팩처에서 기계제 대공업으로 바뀌는 데 결정적 역할을 한 것은 작업기계이지만 기계제 대공업이 비약적으로 성장할 수 있었던 데는 동력기계의 역할도 컸습니다. 작업기계가 커지면 자연스레 거대한 동력이 필요해집니다. 인간이나 동물의 힘으로는 감당할 수 없는 수준이 되는 거죠.

이 점에서 증기기관은 큰 역할을 했습니다. 대규모 동력을 제공하면서도 물이나 바람과 달리 제어가 쉬웠으니까요. 그뿐이 아닙니다. 증기기관을 쓰면 역시 물이나 바람과 달리 자연환경을 고려할 필요가 없습니다. 동력원을 마음대로 옮길 수가 있지요. 작업장을 농촌에서 인구가 많은 도시로 옮길 수 있는 겁니다. 증기기관은 응용 범위도 넓었습니다. 다양한 업종에 사용될 수 있었어요. 철강공장에서는 거대한 망치를 들어 올렸고, 방적공장에서는 방적기를 돌렸으며, 철로에서는 기차 바퀴를, 바다에서는 선박의 스크루(screw)를 돌렸습니다. 마르크스는 와트의 천재성이 여기에 있다고 했지요. 그는 특허를 낼 때 증기기관을 특정 목적이 아닌 "대공업의 일반적 원동력"으로 제시했거든요. 머리를 잘 쓴 거죠. 증기기관이 다양한 업종에 사용되리라 짐작했던 겁니다(물론 실제 응

용 범위는 그가 상상한 것 이상이었습니다).[김, 511~512; 강, 514]

○ 마침내, 기계괴물이 등장

매뉴팩처 시대에 단순협업과 분업에 기초한 협업을 나누었던 것처럼 기계제 공장에서도 기계들의 단순협업과 본격적인 기계제(기계시스템, Maschinensystem)를 구분해야 합니다.

기계협업은 인간들의 단순협업과 비슷합니다. 지난 책에서 본 것처럼 단순협업에서는 독립수공업자 출신 노동자들이 저마다 독립적으로 일하며 완성품을 만드는데, 다만 전통적인 경우와 달리 동일한 작업장에서 함께 일하지요. 기계협업도 그렇습니다. 여러 대의 작업기계를 한곳에 모아놓는 것뿐이지요. 각 기계들은 과거 매뉴팩처에서는 분할되었던 노동들을 혼자 다 처리합니다. 이를테면 과거의 봉투 제조 매뉴팩처에서는 종이를 접고 풀을 칠하고 뚜껑을 접고 문양을 찍는 일이 분업화되어 있었습니다. 그런데 공장의 봉투제조기는 혼자서 이 모든 작업을 엄청난 속도로 처리합니다.

초기 공장에서는 이런 일을 하는 기계 여러 대를 한곳에 모았습니다. 방직공장에서는 역직기 여러 대를 모았고, 재봉공장에서는 재봉기를 여러 대 모았지요. 인간들의 단순협업을 다룰 때도 말했지만, 이렇게 기계들을 한곳에 모으면 이런저런 비용을 아낄 수 있으니까요. 그리고 무엇보다 하나의 동력기계가 공급하는 동력을 함께 사용할 수 있습니다. 이 동력기계의 "심장고동"이 여러 기계에 맥박을 전하는 거죠.[김,

513; 강, 515]

　　그러나 이것은 본격적인 기계제가 아닙니다. 마치 '단순협업'이 '분업화된 협업'으로 바뀌었을 때 매뉴팩처가 본격적으로 시작되었듯 '기계협업'이 '기계시스템'으로 바뀌었을 때 공장의 기계제 생산이 본격적으로 시작됩니다. 단순히 독립적인 기계들을 한자리에 모아두는 수준이 아니라, 부분공정을 수행하는 부분기계들이 연결되어 하나의 기계시스템을 이루어야 하지요.

　　언뜻 보면 부분공정을 수행하는 부분기계들의 연결이라는 점에서 매뉴팩처와 비슷합니다. 그러나 공정을 분할하고 연결하는 원리가 전혀 다릅니다. 매뉴팩처에서는 작업의 분할과 연결이 인간학에 입각해 있었지요. 그러나 기계제에서는 인간학이 아니라 기계학에 입각해 있습니다.

　　물론 매뉴팩처에서도 전체 공정은 하나의 메커니즘을 이룹니다. 독립수공업과 달리 노동의 연속성, 일률성, 규칙성, 질서가 만들어졌지요. 각각의 공정에 노동자들을 얼마만큼 배치하고 어떤 속도로 일을 할지도 '기술적 법칙'에 따라 결정했고요(『거인으로 일하고 난쟁이로 지불받다』, 134쪽). 하지만 이 기술적 법칙은 인간적 고려를 바탕으로 한 것입니다. 공정을 나누는 기준도, 사람들을 배치하는 기준도, 심지어 노동에 가장 효과적인 동작과 시간을 정해줄 때조차 노동하는 존재가 '인간'이라는 사실에 입각한 것입니다.

　　그러나 기계제에서는 이것이 필요 없습니다. 생산공정을

분할하고 연결할 때 노동자를 고려하지 않습니다. 물리학과 화학 등의 법칙을 이용하지만 이 기술적 법칙은 인간과는 관련이 없습니다. 생산력을 최대로 높이기 위해 동력을 계산하고 마찰을 계산하고 속도를 계산하지만 이때 고려되는 것은 기계적 한계이지 인간적 한계는 아닙니다.[김, 515; 강, 517]

기계제 초기 단계에서는 생산과정에 인간이 개입하는 일이 적지 않았습니다. 노동자가 원료를 손질해서 기계에 넣어주어야 했고, 자동제어가 되지 않아, 예를 들어 방적기 작업 중 실이 끊어지면 노동자가 직접 기계를 정지시켜야 했습니다. 기계시스템의 일부를 숙련노동자가 맡기도 했지요. 기계가 인간의 힘이나 숙련, 말하자면 인간의 근육이나 눈썰미, 정교한 손놀림을 필요로 했던 겁니다.[김, 516~518; 강, 519~520]

하지만 점차 기계제 생산이 발전하면서 기계가 전체 공정을 떠맡는 식으로 변화했습니다. 그리고 한 업종, 한 생산영역이 일단 그렇게 변하고 나면 거기에 생산수단을 납품하거나 거기서 생산수단을 구매하는 연관 업종들도 그런 식으로 바뀌게 됩니다. 특히 의미가 있는 것은 '기계를 통한 기계의 제작'입니다. 마르크스에 따르면 19세기 첫 수십 년 만에 작업기계들 대부분이 기계제 공장에서 생산되었습니다. '기계를 통한 기계의 제작'은 기계제 대공업이 마침내 "자신의 발로 서게" 되었음을 의미하지요.[김, 520; 강, 522]

이런 식으로 한 산업영역에서 생산방식의 변혁이 나타나면 다른 산업영역에서도 연쇄적으로 변혁이 일어납니다. 그리고 생산 전반에서 변혁이 일어나면 생산물 운송과 관련된 교통 및 통신 수단의 변혁 또한 이루어질 수밖에 없지요.[김, 519~520; 강, 521~522] 초창기의 변화는 느리지만 어느 순간 사회 전체가 급속히 대공업 생산양식에 적합하게 바뀝니다.

19세기 대공장의 기계시스템에 대한 마르크스의 묘사는 아주 인상적입니다. "여기에서는 개별적 기계들 대신 하나의 기계괴물(mechanisches Ungeheuer)이 등장하는데, 그것의 몸통은 전체 공장 건물을 가득 채우고, 그것의 악령적 힘(dämonische Kraft)은 처음에는 그 거대한 사지의 거의 장엄할 정도의 운동 탓에 감추어져 있지만 [곧이어] 무수한 본래적 작업기관들의 열광적 난무로 폭발한다."[김, 516~517; 강, 518~519]

마르크스가 묘사하는 대공장의 기계괴물은 매뉴팩처 작업장의 거인 노동자 이미지와 크게 다릅니다. "열광적 난무"(fieberhaft tollen Wirbeltanz)라는 표현이 보여주는 것처럼 작업 속도가 비교가 되지 않습니다. 기계괴물에 비추어 매뉴팩처의 전체노동자는 힘만 센 순박한 거인처럼 보인다고 할까요.

그런데 내가 마르크스의 묘사를 인상적이라고 한 것은 근대 '과학기술'이 집약된 기계시스템의 출현을 '주술적으로' 그리고 있기 때문입니다. 마르크스는 과학기술의 힘을 "악령적 힘"이라고 했습니다. '과학기술'과 '악령'이라는 매우 상반된 이미지를 가진 두 단어를 하나로 결합해놓은 거죠. 이 때문에 공장이 주술사나 마법사의 성처럼 느껴집니다. 건물만큼 커다란 괴물이 사지를 느릿느릿 움직이기 시작하더니 곧

바로 괴성을 지르며 광적인 몸짓을 보입니다. 주술사는 그 앞에서 기쁨의 웃음을 터뜨리고요. 세상을 지배할 엄청난 힘을 소유한 것처럼 말이지요.

그런데 주술사(자본가)가 환호하는 순간을 지켜보는 독자는 어떤 불길함을 느끼게 됩니다. 그 주술사에게 불행한 운명이 닥칠 것만 같은 예감이 들지요. 마치 메리 셸리(Mary Shelley)의 『프랑켄슈타인』에서 프랑켄슈타인 박사가 괴물을 만들었을 때 혹은 미야자키 하야오(宮崎駿)의 『바람계곡의 나우시카』에서 군대가 거신병을 깨웠을 때 느끼게 되는 불길함 같다고 할까요. 괴물을 만든 그 주인이 머릿속에 유토피아를 그리는 순간 독자는 그의 디스토피아를 예감합니다.

똑같은 존재에 대해 누군가는 유토피아를, 누군가는 디스토피아를 떠올립니다. 『자본』(특히 I권)에서는 자본의 운동을 중심에 두고 서술하므로 자본가들이 기계 속에서 그리는 유토피아가 부각되지만, 마르크스는 거기 잠재된 자본의 디스토피아, 자본의 몰락 가능성을 암시합니다(이에 대해서는 책의 마지막 장에서 조금 더 이야기하겠습니다).

참고로 '악령적'이라는 단어 하나로 너무 과하게 해석한 게 아닌가 생각하는 독자도 있을지 모르겠습니다. 하지만 이것은 마르크스가 우연히 쓴 단어가 아닙니다. 『공산주의당 선언』에서 마르크스는 이미 이렇게 말했습니다. "그토록 강력한 생산수단과 교류수단을 마법을 써서 불러냈던 현대 부르주아사회는, 주문을 외워 불러낸 저승의 힘을 더는 감당할 수 없게 된 마법사와 같다." 그러고는 "생산력들의 반역의 역사" 즉 부르주아사회에 대한 기계들의 반역이 이미 시작된 것처럼 썼습니다.[13] 내가 이번 책의 제목을 '자본의 꿈 기계의 꿈'이라고 한 것도 이 때문입니다. 기계괴물의 등장과 함께 유토피아와 디스토피아, 길몽과 악몽의 가능성이 함께 열리고 있으니까요.

2

기계가 도입되고 나서
벌어진 일들

마르크스는 기계의 도입과 더불어
노동자들이 처한 우울한 상황을 다양한 측면에서
분석했습니다.
여성노동과 아동노동에 대한 착취,
노동일의 연장, 노동강도의 강화, 고용의 감소.
이 모든 것이 맞물려 불리한 상황을 배가합니다.
인간의 지적 발명품이
왜 이렇게 인간을 괴롭히게 되었을까요.
인간의 놀라운 능력이 구현된 발명품들을
우리는 왜 축복할 수 없게 된 걸까요.
더 많은 일을 더 쉽게 처리할 수 있는
기계들의 발명품 앞에서
왜 우리는 침울해지는 걸까요.

일리야 레핀, 〈볼가 강의 배 끄는 인부들〉(부분), 1870~1873.
마르크스가 『자본』을 집필하던 당시까지 '기계들의 나라' 영국에서는
배를 끄는 인부로 심지어 여성 노동력을 이용했다.
무슨 일을 누가 하느냐는 중요하지 않았다.
중요한 것은 비용이다. 자본가는 더 싼 것을 쓴다.
기계, 짐승, 사람 중에 사람이 제일 싸면 자본가는 사람을 쓴다.
아무리 힘들고 더럽고 위험한 일이라 해도.

자본가는 왜 기계를 도입하는가. 그는 왜 기계괴물을 불러냈는가. 지난 책에서 우리는 자본가가 노동생산력을 증대해 잉여가치를 얻는다는 걸 알게 되었습니다. 자본가는 어떻게 노동생산력을 증대하는가. 지난 책에서 다룬 것은 작업방식의 혁신이었습니다. 노동력을 유기적으로 결합시키는 방식이지요. 우리가 이번 책에서 다룰 것은 노동수단의 혁신(기계 도입)을 통한 생산력의 증대입니다.

◦ 기계의 가치와 생산물의 가치

노동수단의 혁신과 작업방식의 혁신에는 차이가 있습니다. 기계를 도입할 때는 분업을 도입할 때와는 다른 문턱이 가로막고 있지요. 기계시스템을 갖추려면 돈이 듭니다. 작업방식을 바꿀 때는 그렇지 않았지요. 개별 노동자들에게 돈을 일단 지급했으면 이들을 어떻게 결합시킬지는 자본가가 결정하면 되니까요. 그래서 나는 지난 책에서 거인 노동자의 출현이 무상으로 이루어진다고 했습니다(『거인으로 일하고 난쟁이로 지불받다』, 105쪽). 그러나 기계괴물의 출현은 다릅니다. 증기기관을 갖추는 데는 돈이 듭니다. 물도 공짜고 증기가 생겨나는 과학적 원리도 공짜입니다만, 물을 증기로 바꾸어 동력화하는 장치는 아주 비쌉니다.[김, 522; 강, 524] 그저 아이디어를 떠올리기만 해서 해결될 일이 아니라는 거죠.

　자본가가 큰 비용에도 불구하고 기계를 도입하는 이유는 누가 뭐라 해도 이윤 때문입니다. 기계를 도입하면 생산성이 크게 올라가지요. 생산성이 높다는 것은 직접적으로는 상품의 가치를 시장가치 이하로 떨어뜨려서 해당 자본가에게 특별 잉여가치를 선사하고요, 간접적으로는 노동력의 가치 하락에 기여해 상대적 잉여가치를 선사하지요. 그런데 엄밀히 하자면 기계가 생산과정에서 상품의 가치를 줄이는 것은 아닙니다. 오히려 반대죠. 기계를 도입하면 기계의 가치만큼이 생산물에 이전됩니다. 그래서 생산물 가치가 상승하지요. 원료 값이 물건 값에 반영되듯 기계 값도 그렇습니다. "기계는 생산물의 가치를 싸게 하는 게 아니라 자신의 가치에 비례해 비싸게" 합니다[김, 523; 강, 525](기계의 가치가 생산물에 어떻게 이전되는지는 우리 시리즈 5권 『생명을 짜 넣는 노동』의 5장에서 다루었습니다).

　방금 나는 언뜻 듣기에 서로 모순되는 말을 했습니다. 한편으로는 기계를 사용하면 생산물의 가치를 떨어뜨릴 수 있다고 했고(노동생산력의 증대로 인한 상품가치의 하락), 다른 한편으로는 기계를 사용하면 그만큼 생산물의 가치가 늘어난다고 했습니다(생산물로의 가치 이전). 어느 쪽이 사실일까요. 둘 다 맞습니다. 기계를 사용하면 생산력이 증대해 생산물의 가치가 낮아진다는 말도 옳고 생산물에는 기계의 가치가 더해진다는 말도 옳습니다. 생산물 전체 즉 총량을 놓고 보면 기계의 사용으로 가치가 늘어날 겁니다. 하지만 생산물 한 개를 기준으로 보면 그렇지 않습니다. 생산물의 양이 많아지면 기계에서 가치가 이전되는 부분의 비중은 크지 않습니다. 생산력 증대로 인한 가치 하락이 훨씬 크지요.

기계를 사용했을 때 생산력이 증대하는 것은 매뉴팩처에서 협업이 생산력을 증대시키는 이유와 원리상으로는 비슷합니다. 기계를 사용하면 시간과 공간의 절약 효과가 큽니다. 비용이 절감되는 거죠. 또 부분노동을 효과적으로 잘 결합하면 생산력이 크게 증대합니다. 그러나 중요한 차이가 있습니다. 기계제 생산에서는 작업의 분할, 작업의 양과 속도가 인간적 한계에 매일 필요가 없습니다. 거대한 동력기계 하나에 수많은 작업기계들이 연결되며, 작업기계 하나는 수백 수천 개의 손발을 엄청난 속도로 움직입니다. 매뉴팩처와는 비교할 수 없을 정도로 생산량이 증대하지요.

마르크스는 매뉴팩처에서 결합노동의 생산력을 '노동의 사회적 생산력' 혹은 '사회적 노동의 생산력'이라고 했는데요. 기계제에서는 이 '사회적 노동'이 '부분노동자들'(인간 노동자)의 '주체적'(subjektiv) 결합이 아니라 '부분기계들'(부품)의 '객체적'(objektiv) 결합으로 구현됩니다. 결합노동 즉 사회적 노동이 인간들이 아니라 기계들이 결합하는 형태로 구현되는 거죠. 매뉴팩처에서는 개별 노동이 사회적 노동에 의해 대체되었습니다만, 기계제에서는 인간적인 사회적 노동이 기계적인 사회적 노동으로 바뀝니다.[김, 521~522; 강, 523~524]

결국 기계를 사용함으로써 생산물 개개의 가치가 줄어드는가 늘어나는가는 생산물로 이전되는 기계의 가치와 기계로 인해 늘어난 생산물의 양을 함께 고려함으로써만 말할 수 있는데요. 마르크스는 생산량 증대에 따라 기계로부터 이전되는 가치의 비중이 어떻게 변화하는지를 매뉴팩처나 수공업의 경우와 비교해 상세하게 설명합니다.

생산물 한 개로 이전되는 기계의 가치는 얼마나 될까. 그것은 방금 말한 것처럼 전체 생산물의 양, '즉 생산물의 규모'(Umfang)에 달려 있습니다. 대공업의 '기계'는 매뉴팩처의 '도구'보다 훨씬 비싸지만 기계를 쓰면 전체 생산물의 규모가 훨씬 커집니다. 이를테면 철강공장의 증기해머는 엄청난 양의 석탄을 소모하면서 철을 두들겨댑니다만 그렇게 해서 생산된 철강 제품의 양이 워낙 많기에 단위 중량(이를테면 1킬로그램의 철강 제품)에 이전된 증기 해머의 가치는 매우 작습니다.[김, 526; 강, 527] 전체 생산물의 규모에는 기계의 작업 처리 속도가 특히 중요한데요. 동일한 해머라 해도 1분에 70번 내리치는 경우와 700번 내리치는 경우는 생산량이 다르지요. 그만큼 생산물로 이전되는 가치량도 달라지고요.

또 하나 중요한 것은 기계 자체의 가치입니다. 물론 기계는 매뉴팩처의 도구보다 비쌉니다만 기계 제조업이 발전하면 값이 많이 내려갑니다. 기계 제조업 분야에서 생산성이 증대해 기계의 가치가 크게 떨어진다면 기계를 이용한 생산물의 가치도 떨어질 수 있지요. 기계의 가치가 저렴하면서도 대량의 생산물을 낼 수 있다면 마치 무상으로 이용하는 햇빛처럼 거의 "자연력의 기여에 가까워"집니다.[김, 524; 강, 528]

마르크스에 따르면, 바로 이런 점 때문에 리카도는 기

계를 자연력과 혼동했습니다.[김, 524, 각주 24; 강, 526, 각주 109] 리카도는 "그것들[자연력과 기계]은 무상으로 일하기 때문에… 그것들이 우리에게 주는 도움은 교환가치에 아무것도 추가하지 않는다"라고 했습니다.[14] 리카도는 가치 형성과 관련해 기계를 햇빛이나 공기, 물과 같은 자연력과 동일시한 겁니다. 그래서 기계를 사용해도 가치(교환가치)의 추가는 없고 단지 생산량(사용가치)만 늘어난다고 본 거죠. 그는 가치의 생산과정에서 이전되는 기계의 가치를 망각했습니다. 오류지요. 하지만 그의 말은 대공업 시대에 사람들이 기계에서 어떤 인상을 받았는지 보여준다는 점에서 의미가 있습니다.

사실 리카도가 그런 주장을 펴게 된 맥락을 보면 수긍되는 대목도 있습니다. 그것은 '가치'와 '부' 개념을 혼동하는 J. B. 세(J. B. Say)를 비판하다가 나온 주장입니다. 세는 스미스가 인간노동만을 가치의 원천으로 간주함으로써 자연이나 기계가 상품들에 부여하는 가치를 간과했다고 지적했습니다. 이에 대해 리카도는 스미스를 옹호했지요. 오히려 세야말로 부와 가치의 본질적 차이, 즉 '사용가치'와 '교환가치'의 본질적 차이를 간과했다고 비판했습니다.[15] 자연력과 기계를 통해 늘어나는 것은 사용가치이지 교환가치가 아니라는 겁니다. 생산량이 두 배로 늘어나면 사용가치는 늘어나지만(부의 증대), 가치가 그만큼 늘어나지는 않습니다. 상품 개개의 가치는 오히려 줄어들지요. 리카도는 이 점을 지적하며 인간의 노동만이 가치의 원천이라고 했습니다. 자연과 기계가 가치의 원천이 될 수 없다는 그의 말은 옳습니다. 그것들은 새로운 가치를 추가할 수 없습니다(마르크스의 말로 하자면 '불변자본'이지요). 이 점을 강조하다 보니 리카도는 자연처럼 기계도 상품에 교환가치를 추가하지 않는다고 말하게 된 것이지요.

마르크스도 맥락상 리카도의 주장에 이해할 만한 대목이 있음을 인정합니다. "리카도의 논평이, 기계가… 가치를 창출하는 '봉사'를 한다고 제멋대로 지껄이는 세에 대한 것이라면 물론 그것은 옳은 말이다."[김, 524, 각주 24; 강, 526, 각주 109] 즉 기계가 가치를 창출하는 것은 아니라는 의미라면 리카도의 말이 틀리지 않다는 거죠. 하지만 기계의 사용으로 상품의 가치가 늘어나지 않는다고 한다면 그것은 틀린 말입니다. 기계가 가치를 창출하는 것은 아니지만 기계에서 이전되는 가치가 있으니까요.

정리하자면 이렇습니다. 기계의 사용 자체는 상품의 가치를 올리는 요인입니다. 하지만 생산물의 양이 크게 증대하기 때문에 개개의 상품가치는 낮아집니다. 수공업의 경우와 비교하면 차이가 분명합니다. 공장의 기계 값은 수공업 장인의 도구 값보다 비싸기 때문에 생산물 전체를 기준으로 보면 더 많은 가치량이 이전되지만 생산량이 워낙 많아 개개 상품에서 기계 값이 차지하는 비중은 수공업자의 도구 값이 차지하는 비중보다 오히려 작습니다.[김, 527; 강, 528]

∘ 기계 도입의 문턱

기계를 도입하면 이런 원리에 따라 생산물의 가격이 낮아지고 잉여가치가 생겨납니다. 게다가 기계는 자본가에게 고분고분합니다. 제 몸이 부서지는 일은 있어도 명령에 반항하는 일은 없습니다. 공장 규율을 세우고자 하는 자본가로서는 무척 마음에 드는 특성이지요. 그러니 자본가가 기계를 도입할 동기는 충분합니다.

하지만 문제는 돈입니다. 계산기를 두드려보아야 하거든요. 기계설비를 갖추는 데 필요한 돈을 조달할 수 있는지도 문제고, 그렇게 투자한 돈을 이윤의 형태로 빨리 회수할 수 있는지도 문제입니다. 이것저것 고려할 게 많습니다. 여기서 이 모든 것을 검토할 수는 없고요. 일단은 기계를 통해 개개 생산물의 가격을 낮출 수 있다는 점만 고려해 자본가가 기계를 도입할 때의 문턱 높이가 얼마나 되는지를 생각해보기로 하지요.

앞서 말한 것처럼 기계의 가치는 생산물에 이전됩니다. 비싼 기계를 사용하면 그 높은 가격만큼이 생산물 가격에 반영되지요. 개개 생산물의 가치는 생산수단의 가치, 노동력의 가치, 잉여가치로 이루어져 있습니다($W=c+v+m$). 기계를 사용하면 'c'가 늘어나고 'v'가 줄어듭니다. 기계 사용으로 생산물의 가치가 하락하려면 'c'의 증가 폭보다 'v'의 감소 폭이 커야 합니다.

예를 들어 기계 한 대가 노동자 100명이 수행하는 작업을 처리할 수 있다고 해봅시다. 과연 자본가는 100명의 노동자를 해고하고 이 기계를 들여놓을까요. 단순히 작업 처리량만 보고 결정을 내릴 수는 없습니다. 생산량이 같다고 해서 생산물의 가치도 같은 것은 아니니까요. 아주 비싼 기계라면 생산물로 가치가 이전되는 만큼 생산물의 가치를 올립니다. 결국 기계의 가치를 따져봐야 합니다. 기계의 가치는 기계를 제조할 때 필요한 노동량에 해당합니다. 따라서 기계의 가치에 해당하는 노동량과 기계가 대체하는 노동자들의 노동량을 비교해봐야겠지요.

'노동량'이라고 말하니 조금 어렵게 들릴 수도 있겠습니다. 노동량이란 곧 가치이고 그 가치가 가격으로 나타난다는 점을 전제한다면, 기계 가격과 그 기계가 대체하는 노동자들의 임금을 비교해서 가늠해볼 수 있겠네요. 만약 기계 값이 30억 원이고 노동자 100명의 임금 총액이 30억 원이면 자본가로서는 대체할 만할 겁니다. 'c'에서 늘어나는 비용과 'v'에서 절감되는 비용이 같으니까요.

하지만 이것은 정확한 계산이 아닙니다. 기계의 가치는 기계 제조에 필요한 노동량과 같지만 노동력의 가치는 노동자가 생산과정에 투여하는 노동량의 일부일 뿐이니까요. 노동자는 임금에 해당하는 필요노동 말고도 잉여노동을 투여합니다. 그러니까 기계의 가치와 그 기계가 대체하는 노동력의 가치가 같다면, 생산과정에서 기계의 경우보다 노동자들의 경우가 생산물에 더 많은 노동, 더 많은 가치를 집어넣는 셈입니다. 결국 동일한 비용이라면 노동자를 쓰는 경우에 생산물의 가치가 더 올라가는 것이죠. 반대로 말하면 기계를 쓰는 편이 생산물 개개의 가치를 낮출 수 있는 방법입니다.[김, 530; 강, 531]

　　다시 말하면 이렇습니다. 생산물에 들어가는 노동량을 줄이는 것만 생각한다면 기계의 가치, 즉 '기계 자체의 생산에 필요한 노동'이 '기계의 사용으로 대체되는 노동'(노동자를 사용했을 경우의 노동, v+m)보다 적어야 합니다. 하지만 자본가로서는 잉여노동에 대해서는 지불하지 않기 때문에 기준이 좀 더 완화됩니다. '기계의 가치'와 '기계의 사용으로 대체되는 노동에 해당하는 가치'(v+m)를 비교하지 않고, '기계의 가치'와 '기계의 사용으로 대체되는 노동력의 가치'(v)를 비교하지요. 노동량을 비교할 때보다 문턱이 잉여노동의 양만큼 낮아지는 겁니다.[김, 530; 강, 531] 기계의 가치가 잉여노동에 해당하는 만큼 더 비싸더라도 생산물의 가치는 같다는 거죠. 기계 값이 그 정도에 그친다면 자본가가 노동력을 기계로 대체할 수 있다는 말입니다.

　　물론 이것은 생산물 개개의 가치를 낮춘다는 것만 기준으로 삼아서 한 말입니다. 그런데 이 경우에도 기계 도입의 문턱은 나라, 시기, 산업부문마다 달라질 수 있습니다. 나라, 시기, 산업부문마다 노동력의 가치가 다르고, 노동력의 가치와 잉여가치 즉 필요노동과 잉여노동의 비율이 다를 테니까요. 게다가 『자본』에서 자주 쓰는 가정은 아닙니다만, 노동력의 가치만큼 임금을 지급하지 않는 경우도 있을 수 있지요. 그럼 기계 도입의 문턱은 또 달라집니다. 노동력의 가치에 비해 임금이 턱없이 낮다면 기계 도입에 대한 욕구는 떨어질 겁니다. 싼 노동력을 쓰면 되니까요. 이런 노동력을 대체하려면 기계값이 더 내려가야겠지요.[김, 530~531; 강, 531~532]

『자본』에서는 주로 '가치'를 기준으로 논의를 펼쳐나갑니다. 하지만 시장에서 실제로 경쟁 중인 자본가들의 행동 기준은 '가격'입니다. 방금 우리는 '기계의 가치'와 '기계가 대체한 노동력의 가치'에 대해 말했습니다만 경쟁 중인 개별 자본가에게 와닿는 건 '가치'가 아니라 '가격'입니다. 실제 노동력의 가치가 어떻게 되든 가격을 줄일 수 있다면 생산비용(비용가격)을 줄이는 셈이니까요.[김, 531; 강, 532]

그런데 마르크스는 여기서 왜 노동력의 가치와 가격을 따로 말하는가. 지금까지는 대체로 노동력의 가치와 임금을 크게 구분하지 않았어요. 『자본』에서 상품의 등가교환은 가장 기본적인 공리입니다. 노동력에 대해서도 마찬가지이지요. 『자본』의 자본가는 대단한 탐욕을 가진 인물이지만 비열하지는 않습니다. 그는 노동력의 가치대로 임금을 지불하지요(현실의 자본가가 그렇지 않다는 점은 마르크스도 잘 알고 있습니다).

그렇다면 여기서는 왜 '노동력의 가치 이하로 지급되는 임금'에 대해 말하는 걸까요. 그것은 저임금노동이 기계제로 전환되는 과정에 큰 영향을 미쳤기 때문일 겁니다. 마르크스는 성능 좋은 기계가 발명되어도 기계제로의 전환이 쉽지 않았던 이유가 여기 있다고 봅니다. 값싼 노동력이 넘쳐나면 굳이 비용을 들여 기계를 도입할 필요가 없으니까요. 영국에서 발명된 기계가 북미에서만 사용된다든지 독일에서 발명된 기계가 네덜란드에서만 사용된다든지 하는 일이 모두 이와 관련됩니다. 영국보다 미국에서, 독일보다 네덜란드에서 임금이 높았던 거죠. 바꾸어 말하면 영국과 독일에는 값싼 노동인구가 많았다는 이야기입니다. 게다가 한 산업부문에서 기계가 사용되면 거기서 밀려난 노동자들이 다른 부문으로 몰려듭니다. 그래서 어떤 때는 한 부문의 기계화가 다른 부문의 기계화를 방해하는 일도 있습니다.[김, 531; 강, 532]

마르크스가 여러 번 환기하듯 자본주의적 생산의 목적은 이윤입니다. 자본주의적 생산과정에 기계를 도입하는 이유도 마찬가지입니다. 기계는 노동의 절약을 위해 들어온 것이 아닙니다. 이윤이 목적이죠. 그러므로 이윤에 도움이 되지 않는다면 노동을 크게 절약해주는 획기적인 기계일지라도 생산에 투입되지 않습니다. 차라리 인간노동을 탕진하는 쪽을 택하겠지요. 아마도 기계 도입의 가장 중요한 문턱, 가장 근본적인 문턱이 이것일 겁니다. 이윤 말입니다.

기계 도입의 이론적·수학적 문턱이 아니라 현실적·역사적 문턱을 볼 필요가 있습니다. 그러면 자본주의가 어떤 체제인지가 잘 보입니다. 영국의 양모 산업에서 기계화가 촉진된 것은 공장법과 관련이 있습니다. 공장법에서 아동의 전일 노동을 금지한 겁니다. 그런데 부모들은 반일공이 된 아이들의 노동력을 반값에 넘기려 하지 않았습니다. 몇 푼 되지 않는 임금이 절반이나 깎이는 것을 받아들이기가 어려웠겠지요. 이 때문에 아동 노동자의 임금은 노동시간에 비해 조금 오른 셈이 되었습니다. 바로 이때 공장주들이 기계를 도입했습니다. 기계는 그 전에도 있었지만 도입은 하지 않았었던 겁니다. 즉 아이들을 최대한 값싸게 부려먹을 수 있는 한에서는 기계 도입의 필요를 느끼지 못했던 거죠.

광산업에서도 마찬가지 일이 일어났습니다. 광산업 자본가들이 기계를 끌어들인 것은 여성과 소녀의 노동이 금지된 뒤입니다. 그 전까지는 기계 대신 남성은 물론 여성과 소녀를 그 혹독한 탄광에 몰아넣었지요. 마르크스는 이렇게 비꼬았습니다. "거의 나체 상태인 여성들과 소녀들을 광산에서 일하게 하는 것—때로는 남자들과 함께 탄광에 집어넣었다—이 자본에게는 자신의 도덕률은 물론이고 회계장부에도 합당"했다고요.[김, 532; 강, 533]

초저임금을 받는 노동자도 많은데 굳이 기계를 사용해 생산비용을 올릴 필요가 없었던 거죠. 마르크스는 운하의 배를 끄는 일을 하는 영국 여성들의 예를 들었습니다. 커다란 배를 끄는 일은 기계를 쓰면 쉽게 해결할 수 있습니다. 복잡한 기계가 필요한 것도 아닙니다. 간단한 동력기계만 있어도 되지요. 그런데 마르크스가 『자본』을 집필하던 당시까지 영국, 그러니까 세계에서 기계시스템이 가장 발달한 나라였던 영국에서는 '여성' 노동력을 이용했습니다. 왜 그랬을까요. 여기에는 대단한 이론적 통찰도, 엄밀한 수학적 계산도 필요 없습니다. 마르크스에 따르면, "말이나 기계를 생산하는 데 필요한 노동"은 수학적으로 주어지는 양이지만, "넘쳐나는 인구집단(Surpluspopulation)에 속한 여성들을 부양하는 데 필요한 노동은 아무렇게나 계산해도 되기" 때문입니다. 그리고 "이것이 바로 기계들의 나라인 영국에서 하찮은 일에 아무런 부끄러움도 없이 인력을 마구 낭비하는 이유"입니다.[김, 532; 강, 533] 무슨 일을 누가 하느냐는 중요하지 않습니다. 중요한 것은 비용이지요. 자본가는 더 싼 것을 씁니다. 기계, 짐승, 사람 중에 사람이 제일 싸면 자본가는 사람을 씁니다. 아무리 힘들고 더럽고 위험한 일이라고 해도 말이지요.

사실 이것은 기계제 대공업의 초기에만 있었던 일이 아닙니다. 20세기에도, 21세기에도 있는 일이지요. 이를테면 한 인류학자는 미국 캘리포니아 농업은 지난 수십 년간 "기계화되었다기보다 멕시코인화되었다"(Mexicanization rather than mechanization)라고 표현했습니다.[16] 일부 농작물의 특성이 기계화를 어렵게 만들기도 했지만(손상되기 쉬운 딸기 같은 과일이나 키 작은 채소류 등은 기계로 수확하기가 어렵지요), 기본적으로는 멕시코에서 값싼 노동력이 많이 공급되었기 때문입니다. 기계가 단순노동에 종사하는 다수의 저임금노동자들을 사라지게 할 것이라는 사람들의 통념과 달리 실상은 저임금노동자들이 기계화를 저지한 겁니다(이에 대해서는 조금 더 생각해볼 것이 있는데요, 부록노트를 참고하세요). 아마 한국의 중소 제조업체들이 오랫동안 생산설비를 크게 바꾸지 않고 버틴 것도 이와 관련될 겁니다. 생산성이 크게 떨어졌는데도 저임금 이주 노동자들이 대거 유입되어 업체의 수익을 떠받쳐주었거든요. 자본가가 원하는 것은 '자동화된 공장'이 아니라 '수익 높은 공장'입니다.

◦ 노동자는 '인간재료'?

산업 전반에 기계가 들어오면, 다시 말해 기계제 대공업이 지배적 생산형태가 되면 무슨 일이 벌어질까요. 당장 노동형태가 크게 달라질 겁니다. 앞서 나는 기계시스템과 관련한 핵심 물음은 인간과 기계의 대립이 아니라고 했습니다. 오히려 중요한 것은 인간이 기계의 일부가 되는 것이라고 했지요. 인간이 기계부품이 되는 것, '부분노동자'가 '부분기계'가 되는 것이 중요한 문제입니다. 이 점에서 기계의 도입은 단순한 노동형태의 변화가 아니라 노동하는 인간의 변형, 주체의 변형을 야기합니다(일단은 '변형'이라는 말을 쓰겠습니다. 하지만 사실 나는 '죽음' 같은 더 강한 말을 쓰고 싶습니다. '변형'은 매뉴팩처 작업장의 노동자에게 일어난 일을 표현할 때 더 적합하지요. 노동자의 부분노동자화를 지칭할 때 말입니다).

그런데 마르크스는 이 문제는 조금 뒤에 논의를 하겠다고 말합니다. "이 객관적 유기체에 인간재료(Menschenmaterial)가 어떻게 합체되는지(einverleibt)를 살펴보기 전에" 언급할 게 있다고요.[김, 533; 강, 534] 마르크스를 따라 이 문제는 우리도 나중에 살펴보기로 하겠습니다. 다만 너무나 눈에 띄는 단어 하나는 언급해두지 않을 수 없습니다. 바로 '인간재료'라는 말인데요. 언젠가 말한 것처럼 마르크스는 앞으로 전개될 내용에 대한 단서를 미리 흘려두곤 합니다. "객관적 유기체에 합체될 인간재료"라는 건 기계시스템에 통합될 노동자를 지칭하는 말인데요. 노동자를 원료처럼 '인간재료'라고 부르고 있습니다.

일반적으로 노동이란 노동자가 노동수단을 이용해서 목적과 필요에 맞게 노동대상을 변형하는 일입니다(『생명을 짜넣는 노동』, 24쪽). 이는 노동자가 노동과정의 주체라는 뜻입니다. 그런데 자본주의 생산양식이 되면 여기에 미묘한 변화가 생깁니다. 한편으로는 노동자가 노동과정의 주체인 것이 맞습니다. 하지만 다른 한편으로 노동과정은 자본가가 자신이 구매한 노동력이라는 상품을 소비하는 과정입니다. 노동자는 포도, 참나무통 등과 함께 구입된 효모와 같지요. 효모는 발효노동을 하지만 그 생산물인 포도주에 대한 소유권은 인간에게 있는 것처럼, 자본가는 노동자의 생산물에 대한 전적인 소유권을 갖습니다.

하지만 지금까지 자본가는 대체로 노동과정 바깥에 있었습니다. 자본가는 노동과정을 감독할 뿐 기본적으로 노동은 노동자가 노동수단을 가지고 노동대상을 변형하는 일이라는 겁니다. 그런데 언제부턴가 나는 생산과정에서 노동자가 갖는 지위에 대한 마르크스의 기술에서 뉘앙스의 변화가 느껴진다고 말했습니다. 생산수단, 특히 기계 도입이 초래할 변화를 암시할 때부터입니다. 노동일에 관한 장(『자본』 제8장) 끝부분에서 이런 이야기를 했습니다(『공포의 집』, 188쪽). 노동자가 가치를 생산하고 이전하는 주체로 보이지 않는다고요. 노동자의 노동이 가치의 원천인 것은 맞지만, 그는 가치를 생산한다기보다 가치를 '빨린다는' 느낌을 줍니다. 그래서 오히려 생산수단이 가치증식의 주체처럼 보이기까지 합니다. 기계가 진공청소기처럼 노동자들의 능력을 빨아들이는 것 같다는 거죠(실제로 마르크스는 "죽은 노동과 살아 있는 노동의 관계 즉 가치와 가치창조력 사이의 관계가 전도된 것"처럼 보이는 현상이 나타난다고 했습니다[김, 423; 강, 433]).

이때 노동자는 가치생산의 주체라기보다 가치착취의 대상, 가치착취의 재료처럼 보입니다. 지금 우리가 살펴보고 있는 『자본』 제13장에서 마르크스는 기계 도입으로 인한 노동인구의 확장을 아예 '인간이라는 착취재료의 확대'라고 표현하고 있습니다.[김, 534; 강, 535] 인간은 주체가 아니라 대상이고 재료라는 거죠. 아마도 이것은 가치생산과정만의 문제가 아닐 겁니다. 노동과정을 현물생산과정으로 봐도 같은 현상이 나타나겠지요.

과연 노동자는 생산자인가. 사실 이 물음은 매뉴팩처 작업장을 다룰 때부터 제기되었습니다. 매뉴팩처의 노동자는 독립수공업자처럼 완성품을 만들어내는 사람이 아니었지요. 그는 중간물을 만들어내는 부분노동자에 불과했어요. 완성품을 만들어내는 것은 '살아 있는 메커니즘'으로서 전체노동자였습니다. 기계제에서는 이 문제가 더욱 심화됩니다. 노동자는 부분적 주체성마저 잃어버립니다. 매뉴팩처에 남아 있던 인간성의 부분, 다시 말해 '부분인간'조차 소멸하는 거죠. 노동자는 기계라는 객관적 유기체(객체)의 한 부분이 됩니다. 객체 안에 들어간 객체로서, 대상으로서, 재료로서 존재하는 거죠.

○ 무슨 일이 일어났는가 ①─노동인구의 확대

기계의 도입이 노동과정을 어떻게 변형시켰고 공장에서 무슨 일이 일어났는지는 조금 뒤에 보기로 하고요. 일단은 기계제 대공업이 지배적 생산형태가 되면서 노동자들에게 미친 일반적 영향을 살펴보기로 하겠습니다. 기계의 도입은 사회 전반에 걸쳐 어떤 변화를 초래했는가. 마르크스는 쉽게 이해하기 힘든 세 가지 현상을 지적합니다.

먼저 지적하는 것은 '노동인구의 확대'입니다. 언뜻 생각하면 기계제의 발달은 노동인구를 감소시킬 것 같지만 실제로는 노동하는 사람들을 늘렸다는 겁니다. "기계가 근육의 힘을 불필요하게" 만들었기 때문에 여성과 아이 들이 새로운 노동인구로 유입되었지요. 어떤 기계들의 경우에는 힘보다는 유연한 움직임을 요구했기 때문에 자본가들로서는 여성과 아이 들을 더 선호하기도 했습니다. 게다가 노동력의 가치가 성인 남성 노동자보다 낮았기에 더 매력적이었지요. 마르크스에 따르면 "여성노동과 아동노동은 기계의 자본주의적 사용

에서 나온 첫 번째 단어!"였습니다.[김, 533; 강, 534]

　　노동인구가 가족구성원 전체로 확대된 것인데요. 이렇게 되면 노동력의 가치가 떨어집니다. 노동력의 가치에는 가족을 부양하고 자녀들을 양육하는 비용이 포함되어 있는데, 가족구성원 전체가 노동자가 되면 이런 비용이 빠지겠지요. 그래도 일하는 사람이 많아지면 전체 가구 수입은 그만큼 늘어나지 않겠느냐고 물을 수도 있겠습니다. 하지만 노동일 대비 노동력의 가치는 떨어집니다. 만약 4인 가족이 노동에 나선다면 1노동일이 4노동일이 될 겁니다. 물론 네 사람이 일하면 성인 노동자 한 사람이 버는 것보다는 많이 벌 겁니다. 하지만 전체 임금이 예전의 네 배가 되지는 않습니다. 반면 생활비는 더 늘어납니다. 요리나 아이 양육 등 가사노동의 결손 부분을 돈으로 메워야 하니까요.[김, 534, 각주 39; 강, 535, 각주 121] 요즘에는 맞벌이 부부가 많은데요. 둘이 벌면 분명 혼자 버는 것보다 많이 법니다. 그러나 이제는 혼자 벌어서는 살 수가 없을 만큼 노동력의 가치가 떨어졌다는 것도 느낄 겁니다.

　　그뿐 아니라 노동력의 공급이 늘면 가격이 가치로부터 괴리되는 현상이 나타납니다. 노동력의 가격이 노동력의 가치 이하로 떨어지는 거죠. 소위 '너 말고도 일할 사람 많다'가 작동합니다. 그럼 울며 겨자 먹기로 정당한 가치 이하로 노동력을 팔아야 합니다.

　　자본가로서는 기계 도입으로 여러 가지 부수 효과를 누립니다. 생산력 증대만으로도 특별 잉여가치와 상대적 잉여가치를 얻을 수 있는데, 기계가 노동인구를 가족구성원 전체로 확장하면서 노동력의 가치를 추가로 떨어뜨립니다. 그런데 노동력의 가격은 이렇게 이중으로 떨어진 노동력의 가치보다도 더 떨어지는 환경이 조성됩니다. 이런 식으로 자본가에게는 혜택이 이중 삼중이지요. 게다가 노동자는 단지 노동만 제공하는 게 아니라 잉여노동을 제공합니다. 즉 예전에는 1명이 제공하던 잉여노동을 이제는 4명이 제공하는 것입니다. 당연히 잉여가치는 더 늘어납니다. 기계 도입과 함께 자본가는 정말로 유리한 카드를 처음부터 한 장이 아니라 네 장이나 쥐고 게임을 하는 셈입니다. 마르크스가 이렇게 말할 만하지요. "기계는 처음부터 자본의 채굴지역(착취대상, Ausbeutungsfeld)인 인간이라는 착취재료(Exploitationsmaterial)를 늘려갈 뿐 아니라 착취도도 증대시킨다."[김, 534; 강, 535]

○노예상인이 된 노동자──여성노동과 아동노동의 등장은 경제학 측면만이 아니라 사회학 측면에서도 중요합니다. 기계의 도입으로 노동력의 착취만큼이나 노동자 가정의 파괴가 심각했으니까요. 과거에는 자본과 노동의 관계가 가족 안으로 들어오지는 않았습니다. 가장만 자본가와 관계를 맺고 있었지요. 가정생활과 공장생활은 서로 별개입니다. 그러나 여성과 아이들이 노동력 판매에 나서면서 자본이 가족을 위한 가사의 영역, 아이들의 놀이 영역을 침탈하기 시작합니다. [김, 533; 강, 534]

물론 아동노동까지는 몰라도 여성들의 취업을 부정적으로만 볼 일은 아닙니다. 가부장제 해체와 관련해 이것은 중요한 의미가 있습니다. 마르크스도 이 점을 나중에는 고려합니다. 다만 기계제 대공업으로 인한 노동자 가정의 파괴는 즉각적 현실로 받아들인 반면 가부장제 해체는 잠재적 가능성으로 파악했던 것 같습니다(이에 대해서는 나중에 따로 이야기하겠습니다).

자본관계의 확장이 가족관계를 어떻게 변형시키는지 보여주는 상징적 단어가 '노예상인'입니다. 기계제 생산이 여성과 아동을 노동가능인구로 만들고 남성 노동자의 경제적 지위를 하락시키자(노동인구의 확대는 성인 남성 노동력의 가격 하락과 고용불안을 낳습니다), 가장인 노동자 자신이 아내와 아이의 노동력 판매에 나서게 됩니다. 자본주의와 빈곤, 가부장제가 맞물리는 곳에서 가족 노예상인이 출현한 거죠. "이전에 노동자는 형식상으로는 자유로운 인격체로서 자기 마음대로 처분할 수 있는 자신의 노동력을 판매하였다. 그런데 이제 그는 아내와 자식을 판매한다. 그는 노예상인이 된 것이다."[김, 535; 강, 535]

노예상인이라는 말을 비유로만 볼 수는 없습니다. 특히 아동노동에 대해서는 그렇습니다. 아동은 노동력이라는 상품을 매매할 때 전제하는 법적 주체가 아닙니다. 마르크스가 『자본』 I권 제4장(영어판은 제6장) 끝부분에서 확인한 바 있는 원칙 즉 '자유, 평등, 소유, 벤담'에 모두 위배되지요(『성부와 성자』, 150~151쪽 참조). 아동은 매매와 계약의 자유롭고 대등한 주체가 될 수 없으며, 노동력의 처분권을 자신이 직접 행사하지 못한다는 점에서, 즉 부모가 자본가에게 판매한다는 점에서 자기 노동력에 대한 소유권을 가졌다고 볼 수도 없고, 노동력의 매매가 자기 이익을 추구한 결과가 아니라는 점에서 공리주의에 합당하지도 않습니다. 노동은 아이가 하지만 노동력을 자본가에게 판매한 것은 부모입니다. 매매의 성격만 놓고 보면 노동자보다는 노예를 닮았지요.

실제로 마르크스는 당시 아동노동에 대한 구인광고가 미국 신문에 실린 흑인노예에 대한 광고와 흡사하다고 말합니다. "12~20명의 소년을 구함. 13세 이상으로 보여야 함. 임금은 주급 4실링." 여기 아주 흥미로운 단어가 하나 있습니다. '보여야 함'이라는 단어 말입니다. 그렇게 '간주될 수 있어야 한다'(passieren kann)라는 뜻인데요. 그냥 '13세 이상'이라고 쓰지 않고 그렇게 쓴 이유는 무엇일까요.

노동일에 관한 장인 제8장에서도 그렇고 이번 책에서 다루는 제13장에서도 마르크스가 쓴 단어들이 있습니다. '자본의 정신'(Geist des Kapitals)(『공포의 집』, 145쪽), '자본주의적 생산의 정신'(Geist der kapitalistischen Produktion).[김, 540; 강, 541] 마르크스는 '자본주의란 이런 것이다' 하는 것을 보여주는 대목, 자본의 의지가 잘 표출되는 대목에서 이 단어를 썼습니다. 당시 공장법 때문에 13세 미만 아동들은 6시간 이상 일할 수 없었습니다. 어린아이들을 공장노동의 폐해로부터 지키려는 최소한의 조치였지요. 하지만 자본가에게는 이것이 중요하지 않습니다. 규제만 없다면 혹은 규제를 피할 수만 있다면, '자본의 정신'이 유순하면서도 저렴한 노동력을 마다할 이유가 없지요. "13세 이상으로" 보일 수만 있다면 자본에게 그 아이는 '13세 이상'과 같습니다. 이것이 자본주의지요.

런던의 한 구역에서는 실제로 "매주 월요일과 화요일 아침에" 견직업자들에게 아동노동을 판매하는 공개시장이 열렸다고 합니다. 부모들이 소액의 돈을 받고 아이들의 노동력을 자본가에게 임대하는 겁니다. 또 아이들은 '굴뚝청소기'로도 판매되었습니다. 마르크스에 따르면 "영국에서는 적어도 2000명의 소년이 부모에 의해 살아 있는 굴뚝청소기로 판매되었"습니다. 굴뚝청소용 기계가 시중에서 판매되고 있었는데도 말이지요. 아이들의 노동력이 워낙 저렴했으니까요.[김, 536; 강, 536~537]

공장에서 아이들의 신체와 정신이 어떻게 파괴되는지는 노동일에 관한 장에서 이미 살펴본 바 있습니다(『공포의 집』, 83~84쪽). 마르크스는 여기서도 이 점을 다시 한번 환기합니다. 특히 학교에서 교육을 받아야 할 아이들이 공장에서 일함으로써 얼마나 지적으로 황폐해졌는지를 지적했습니다. 사실 공장법에는 아이들에 대한 의무교육 조항이 있었습니다. 하지만 앞서 언급한 '자본주의적 생산의 정신'은 이 조항을 그냥 껍데기로 만들어버렸지요. 공장주들이 아이들을 학교에 보내기는 했습니다. 하지만 교육적 고려를 하지는 않았습니다(학교 시설과 교사의 지식수준도 엉망이었지요). 그들이 고려한 것은 이윤이었습니다. 법적 처벌을 받지 않는 선에서 이윤 손실을 최소화하는 길을 찾았습니다. 이를테면 며칠은 오전 8시부터 11시까지 학교를 가게 하고, 며칠은 결석을 하게 하고, 다음 며칠은 오후 3시부터 6시까지 학교를 보냅니다. 공장에 일감이 밀리면 결석을 시키고 일감이 없으면 학교에 가도록 합니다.[김, 544; 강, 544] 다시 말하지만 이게 자본의 정신이고 의지이지요. 자본이 정성스럽게 키우는 것은 아이가 아니라 이윤입니다.

○자본주의, 말라리아보다 치명적인 —— 여성노동과 아동노동은 공장에서 일하는 여성들과 아이들만 파괴하는 게 아닙니다. 공장 바깥에 있는 아이들에게도 치명적이지요. 모두가 공장에 일하러 나가면 유아들이 문제가 됩니다. 젖먹이를 데리고 갈 수 없을 때 엄마들은 '곳프리(Godfrey) 강장제'라는 것을 먹였다고 합니다. 강장제라고는 하지만 실상은 일종의 마취제였다고 합니다. 그렇게 아이들을 재우고 일터에 나간 것이지요.[김, 533, 각주 38; 강, 534, 각주 120]

마르크스는 자본에 의한 생명력의 침탈이 어디까지 이어지는지 보여주기 위해 유아사망률 통계를 제시하는데요. 기계제를 통한 노동인구의 확장이 유아의 생명력조차 위태롭게 한다는 거죠. 당시 정부가 발행한 「공중위생 보고서」에 따르면 공장에서 일하는 여성이 많은 곳에서 유아사망률이 높게 나타났습니다. 그리고 유아사망의 원인으로 지목된 것은 부모의 자녀 학대와 방치, 음식물 부족, 부적절한 음식물 섭취, 아편중독 등이었습니다(아편중독이 눈에 띄는데요. 마르크스는 이를 "영국에 대한 인도와 중국의 복수"라고 했습니다. 이 내용은 부록노트 III을 참고하세요). 심지어는 엄마가 아이들을 일부러 굶기거나 독극물을 먹이는 경우도 있었습니다.[김, 537~538; 강, 538]

「공중위생 보고서」에는 엄마들의 이해할 수 없는 정서적 반응과 행동이 소개되어 있는데요. 아이가 죽었는데도 슬퍼하는 기색이 없고, 심지어는 아이를 죽이려 했다고밖에 볼 수 없는 행동을 자행했습니다.[김, 538, 각주 46; 강, 538, 각주 128] 이는 아이를 잃기 전에 엄마 자신이 정서적으로 끔찍하게 파괴된 상태에 있었음을 보여줍니다. 마르크스가 이 대목을 인용한 것은 그럴 만하다고 보았기 때문일 겁니다. 집에서 아이들을 학대하는 사람은 과로와 빈곤 속에서 이미 자신의 정신과 신체가 파괴당한 사람이니까요.

부모의 자녀 학대와 살해는 노동일에 관한 장에서 본 적 있는 런던의 철도 사고를 떠올리게 합니다. 마르크스는 당시 승객 살해 혐의로 기소된 3명의 철도 노동자들이 가해자이기 이전에 희생자였다는 것, 과로로 이미 정신과 신체가 마비된 사람들이었다는 것을 보여주려고 했습니다(『공포의 집』, 88~101쪽). 아이에게 폭력을 휘두르고 아이의 고통에 무감각해진 노동자들도 비슷한 면이 있을 겁니다. 철도 사고에서는 부주의와 과실이었던 것이 이 경우에는 직접적 폭력으로 나타났지만요.

　　기계제 생산과 더불어 자본관계가 노동자 가정으로까지 확대되었고(여성노동과 아동노동), 이는 유아들에게 치명적 영향을 끼쳤습니다. 마르크스는 노동자 가정의 유아들을 죽인 것은 그들 부모가 아니라 자본주의라는 것을 보여줍니다. 그는 「공중위생 보고서」의 통계자료를 제시했는데요. 이 자료에 따르면 대체로 도시 공장 지대의 유아사망률이 농촌 지역보다 높았습니다. 그런데 예외가 있었지요. 농촌 지역인데도 무척 유아사망률이 높은 곳, 그곳 이야기가 아주 인상적입니다. [김, 538~539; 강, 538~539] 처음에 조사원들은 말라리아나 지역 풍토병을 원인으로 의심했습니다. 거기가 여름에는 초지, 겨울에는 습지였으니까요. 그런데 현장 조사 결과 그곳은 이미 비옥한 곡물 경작지로 재개발이 되어 있었습니다.

　　마르크스는 조사에 참여한 헨리 줄리언 헌터(H. J. Hunter) 박사의 분석을 인용하고 있습니다. 헌터에 따르면 말라리아를 몰아낸 농업의 변혁이 역설적이게도 높은 유아사망률의 원인이라는 겁니다. 거대 농지가 개발되자 지역의 여성과 소년, 소녀 들이 모두 작업단(gang-system)에 소속되어 먼 곳까지 일을 나가게 되었습니다. 작업단은 차지농업가와 도급계약을 맺은 갱단으로 오늘날로 치면 일종의 인력 회사라고 할 수 있는데요('작업단'에 대해서는 이후 출간될 〈북클럽『자본』〉시리즈 11권에서 '산업예비군'을 다룰 때 자세히 소개할 겁니다). 농촌이라고는 하지만 실상은 공장 지대와 다를 바 없는 자본관계가 형성된 것이지요. 다만 일터가 공장이 아니라 논밭이었을 뿐입니다. 유아들을 집에 두고 모두가 일하러 나가야 한다는 점에서는 똑같습니다. 결국 말라리아보다 자본주의가 더 치명적이었던 셈이지요.

당연한 말이지만 성인 남성 노동자들의 처지가 좋아진 건 아닙니다. 아내와 아이를 판 노동자는 출세한 사람이 아니라 전락한 사람입니다. 그는 자신의 노동만으로는 살아갈 수 없어 아내와 아이를 팔았지만, 여성노동과 아동노동은 노동자로서 그의 지위를 더욱 약화합니다. 앞서 말한 것처럼 노동력 가격이 떨어지고 고용이 불안정해지죠. 그는 한때 대체 불가능한 숙련노동자였지만 이제는 그 수가 크게 늘어난 노동인구 중 한 사람일 뿐입니다. 기계제 공장에서 숙련노동자의 권력이 어떻게 해체되었는지는 뒤에 자세히 살펴보겠습니다만, 일단 여성노동과 아동노동이 공장 안으로 들어온 것만으로도 성인 남성 노동자의 힘은 크게 약화됩니다.[김, 544; 강, 544]

∘ 무슨 일이 일어났는가 ②―노동일의 연장

기계 도입으로 노동인구가 줄기는커녕 오히려 확대되었다고 했는데요. 마르크스가 제시한 두 번째 결과도 우리가 언뜻 생각하는 것과는 반대입니다. 마르크스는 기계 도입과 함께 노동일도 늘어났다고 말합니다. 기계가 도입되면 노동생산력이 크게 증대해 노동일이 줄어들어야 할 것 같은데 자본주의에서는 그렇지 않습니다. 자본주의에서는 기계를 그런 식으로 사용하지 않으니까요. 오히려 기계는 "모든 자연적 한계를 초월해 노동일을 연장하기 위한 강력한 수단"이 됩니다.[김, 545; 강, 545] 자본가에게 노동일을 연장할 만한 동기와 수단을 제공해주지요.

먼저 기계는 인간이 아닙니다. 노동일을 연장해도 반항하지 않아요. 따지지도 않고 불평하지도 않습니다. 명령을 따르다 부서질지언정 명령에 항거하지는 않습니다. 일부러 작업속도를 늦추지도 않고요. 게다가 인간이 지닌 생물학적 한계를 갖고 있지도 않습니다. 생리적 필요 때문에 식사와 휴식시간을 별도로 가질 필요가 없지요. 영구기관처럼 멈추지 않고 작동합니다. 일단 작업이 시작되면 기계시스템의 작동은 노동자로부터 독립해 있습니다.

물론 기계제 공장에서도 노동자들은 필요합니다. 하지만 매뉴팩처에서 그랬듯 생산의 주행위자라고 할 수는 없습니다. 오히려 기계의 부속물에 가깝지요. 수공업자나 매뉴팩처의 경우에 빗대어 말하자면 이제는 기계가 장인이고 인간은 조수라고 할 수 있습니다.[김, 545; 강, 545] 이 점 때문에도 노동자들의 저항은 줄어듭니다. 생산과정에서 지위가 부차화되기 때문에 저항의 목소리를 내기도 어렵고 저항의 효과도 크지 않습니다. 매뉴팩처 작업장에서 숙련노동자가 노동을 거부할 때 자본가가 입는 타격과는 비교할 수가 없지요.

기계제 덕분에 여성과 아동 노동력이 대거 유입된 것도 자본가로서는 노동일을 쉽게 연장할 수 있는 요인이 됩니다. 마르크스는 영국 의회에서 나온 이야기를 한 대목 인용하는데요. 연설자 애슐리 경(Lord Ashley)은 공장주들이 여성들 특히 기혼 여성들을 선호한다는 말을 전합니다. 여성들이 남성들에 비해 온순하고, 특히 기혼 여성들은 가족 생계비를 벌어야 해서 일에 더 매달린다는 거죠. 웬만한 불합리는 그냥 참고 견딘다는 뜻이겠지요. 애슐리는 온유하며 일을 열심히 하고 가족을 위해 헌신하는 기혼 여성의 미덕이 '노예적 예속과 고통'의 원인이 되고 말았다고 했습니다.[김, 544, 각주 60; 강, 544, 각주 142] 아름다운 가죽 때문에 학살당하는 동물들처럼 아름다운 덕성 때문에 착취가 일어났다는 거죠(솔직히 그런 행동이 여성의 '미덕'인지는 의심스럽습니다만, 어떻든 그런 행동을 미덕으로 칭송하면서 동시에 그것을 약점으로 만들어 착취하는 체제가 악랄한 것은 틀림이 없습니다).

워낙에 여성과 아동의 장시간 노동이 많았기 때문에 공장의 장시간 노동이 이들 때문에 생겨난 게 아닌가 하는 다소 황당한 진단이 나올 정도였습니다. 이를테면 공장주이면서 차티스트 운동가였고 10시간 노동제 도입에 적극적이었던 존 필든(John Fielden)은 공장제 초기의 장시간 노동이 구빈원과 고아원에서 아이들을 동원했기 때문이라고 주장했습니다. 이 "가엾은 인간재료"를 이용해 장시간 노동의 관행을 만들었다는 겁니다.[김, 545, 각주 62; 강, 545, 각주 144] 1844년 한 공장감독관의 보고에 따르면 여성 노동자들 중에는 18시간 가까이를 공장에서 일하는 경우도 있었습니다. 그러나 여성 노동과 아동노동을 장시간 노동의 '원인'으로는 볼 수 없습니다. 이들이 장시간 노동의 손쉬운 희생물이었다고 말하는 편이 옳겠지요. 원인이 아니라 결과라는 말입니다. 기계제 덕분에 자본가는 여성과 아동을 공장으로 끌어들일 수 있었고 이들에게 장시간 노동을 강요할 수 있게 된 것이지요.

기계제 도입이 노동일 연장을 자극한다고 할 때 그 요인에는 기계 자체의 성격도 포함됩니다. 기계의 가치는 생산물로 이전되는데요. 한 기계를 오래 쓸수록 한 상품의 가치에 담기는 기계의 가치 부분이 작아집니다. 바꾸어 말하면 한 기계로 오래 많은 물건을 만들어낼수록 상품의 가치를 낮출 수 있습니다. 그만큼 생산성이 높은 거죠. 그런데 여기서 '오래 쓴다'라고 할 때 그 '오래'가 곧 자연의 시간을 가리키는 건 아닙니다. '기계를 쓰는 시간'은 '노동일'로 재지요. 사용하지 않고 놓아두면 상품을 생산하지 않으니 가치이전도 일어나지 않습니다. 노동일 기준으로 말하면 기계를 하루 20시간으로 5년 동안 돌리는 것은 하루 10시간으로 10년을 돌리는 것과 가치이전량이 같습니다. '20시간×5년'(혹은 '10시간×10년')이 이 기계의 수명이라면 기계의 가치는 전자의 경우 후자에 비해 두 배 빨리 재생산됩니다.[김, 546; 강, 546] 말하자면 기계에 투자한 돈을 두 배 빨리 뽑아내는 겁니다. 그러니 자본가로서는 기계를 하루 중 최대한 오래 사용하고 싶을 겁니다. 가능하기만 하다면 기계를 멈추지 않고 싶겠죠. 이는 이 기계의 조수인 노동자의 노동시간도 길어진다는 뜻입니다.

사실 자본가가 기계를 멈추고 싶어하지 않는 더 중요한 이유가 있습니다. 기계의 수명은 대체로 시간에 따라 그리고 사용에 따라 결정됩니다. 칼에 녹이 슬 듯 시간이 흐르면 기계는 마모됩니다(자연력에 의한 마모). 그리고 동전 테두리가 닳듯 사용하면 할수록 기계는 마모됩니다(이용에 의한 마모). 그렇게 해서 5년이니 10년이니 하는 수명이 결정됩니다. 그런데 이것 말고도 기계를 마모시키는 요인이 또 있습니다. 마르크스가 '도덕적 마모'(moralischen Verschließ)라고 부른 것인데요.[김, 547; 강, 547] 물리적으로는 아무런 문제가 없는데 기계 생산에서 혁신이 일어나 똑같은 성능의 기계가 훨씬 더 싼 값에 공급되거나 아예 더 성능 좋은 기계가 같은 값으로 발명되는 경우입니다. 어느 경우든 기존 기계의 가치는 부분적으로 혹은 전면적으로 상실됩니다.

불변자본인 기계의 가치가 생산과정 중에 어떻게 변할 수 있는지에 대해서는 우리 시리즈 5권에서 언급한 바 있습니다(『생명을 짜 넣는 노동』, 137쪽). 불변자본이란 그것의 사용이 가치 형성을 야기할 수 없다는 뜻이지 그것의 가치가 절대 변하지 않는다는 뜻은 아닙니다. 이를테면 원료인 면화를 사들인 시점과 사용한 시점 사이에 면화의 생산조건이 변해 면화의 가치가 변동하면 그 변동된 가치가 (면사의 가격에) 반영됩니다. 마찬가지로 기계도 자본가가 사들인 시점이 아니라 상품을 만들어낸 시점에서 그 가치가 상품의 가격에 반영되지요. 1억 원을 주고 사들인 기계라고 해도 5000만 원에 팔리고 있다면, 그때부터는 5000만 원을 기준으로 상품에 이전되는 가치량을 계산해야 합니다.

　자본가로서는 기계 제조업 분야에서 언제 어떤 혁신이 일어날지 알 수 없습니다. 그렇다면 어떻게 해야 할까요. 무조건 최선을 다해야지요. 특히 기계를 막 도입한 "첫사랑의 시기"에는 더 그렇습니다.[김, 549; 강, 549] 최대한 불태워야 합니다. 최대한 많은 이윤을 뽑아내야 합니다. 기계에 투자한 자본을 가능한 빨리 재생산해야 하니까요. 기계제가 발전하면 전체 자본 중 기계에 투자한 비중이 커지는데요. 만약 도덕적 마모가 일어난다면 자본의 상당 부분이 곧바로 사라져버립니다. 그러니 자본가의 초조함을 이해할 수 있지요. 기계제 대공업의 초창기에는 특히 그랬습니다. 온갖 기계가 발명되었고 짧은 시간에 너무나도 많은 혁신이 일어났으니까요. 그래서 자본가들은 기계를 최대한 돌렸습니다. 그 결과를 우리는 이 시리즈의 6권 끝부분에서 다음과 같은 마르크스의 표현을 통해 만났었지요. "1760년대 대공업이 등장한 이후부터 눈사태처럼 무제한적인 노동일 연장의 태풍이 몰아쳤다"(『공포의 집』, 144쪽). 이제 이 말이 무슨 뜻인지를 명확히 알 수 있을 겁니다.

∘ 무슨 일이 일어났는가 ③ — 노동강도의 강화

하지만 우리가 잘 알고 있는 것처럼 노동일의 무제한적 연장은 사회적 반발에 부딪힙니다. 1833년 처음으로 표준노동일이 제정되었지요. 그리고 공장법 개정 과정에서 노동일은 더 줄어들었습니다. 자본이 이런 상황을 어떻게 타개해갔는지에 대해서도 우리는 지난 책에서 살펴본 바 있지요. 노동의 외연적 확장이 힘들어지자 자본은 노동의 내포적 강화를 꾀했습니다(『거인으로 일하고 난쟁이로 지불받다』, 56쪽).

물론 노동일 연장과 노동강도 강화가 시기적으로 명확히 나뉘는 것은 아닙니다. 사실 자본가로서는 둘을 나눌 이유가 없습니다. 둘 모두를 원하겠지요. 실제로 "영국에서는 [기계제 대공업이 시작된] 반세기 내내 노동일 연장이 노동강도의 강화와 함께 진행"되었습니다.[김, 553; 강, 553] 그러나 1833년 이후에는 표준노동일 제정으로 노동일 연장이 불가능해졌지요. 그렇기 때문에 자본가들로서는 노동강도 강화에 목을 맬 수밖에 없었습니다.

즉 이제는 '상대적 잉여가치' 생산이 중요해진 것인데요. 상대적 잉여가치란 노동생산력 증대를 통해 상품의 가치, 특히 노동자들의 생활수단의 가치를 떨어뜨림으로써 생겨납니다. 그런데 노동일이 강제로 단축되면 단지 생산력이 증대했다는 말로는 부족한 많은 일이 일어납니다. 결과적으로는 동일한 노동일(혹은 동일한 비용)에 더 많은 생산물을 생산한 것으로 나타나지만 단지 합리성이나 효율성만으로 설명할 수 없는 요소들이 거기에 개입하지요. 마치 부피가 줄어들면 기압이 올라가듯 노동일이 단축되면 노동자들에게 압력이 가해집니다. 생산수단 절약, 휴식시간 축소, 작업속도 증가(노동력의 긴장도 증대) 등이 나타납니다. 줄어든 노동시간에도 불구하고 자본은 생산량을 그대로 유지하려 들기 때문에 노동이 빡빡해집니다. "노동의 농축(Kondensation)"이 일어나는 겁니다.[김, 554; 강, 553]

　노동의 '강화' 내지 '농축'은 노동력의 추가 지출이 분명합니다. 노동자가 더 많은 양의 노동을 지출한 것이지요. 그런데 우리가 가치량의 척도로 사용해온 노동시간으로는 이것을 나타낼 수가 없습니다. 노동을 지속한 시간만으로는 강화된 노동과 그렇지 않은 노동을 구분할 수 없으니까요. 지난 책에서 마르크스는 특별 잉여가치를 설명할 때 가치량을 '화폐'로 표시했는데요(『거인으로 일하고 난쟁이로 지불받다』, 52~54쪽). 보통은 가격을 표시할 때 화폐를 쓰고, 가치를 표시할 때는 노동시간을 썼는데 여기서는 가치량을 '화폐'로 나타냈던 겁니다. 노동시간으로는 '강화된 노동'을 표시할 수가 없었기 때문입니다.

　노동강도가 높아지면 10시간 노동일에 12시간 노동일보다 더 많은 노동력이 지출될 수 있습니다. 전자의 1시간이 후자의 1시간보다 더 큰 가치를 가질 수가 있지요.[김, 554; 강, 554] 복잡노동이나 고급노동, 고강도 노동에 대해 마르크스가 단순노동의 'X배'처럼, 이를테면 전자의 1시간은 후자의 1

시간의 '1.2배'에 해당한다는 식으로 써야 한다고 본 것은 그런 이유입니다(『거인으로 일하고 난쟁이로 지불받다』, 53쪽).

기계제 생산에서 노동일 연장을 자극했던 요인들은 노동강도의 강화에도 똑같이 적용됩니다. 노동자들의 저항이 약해진 것, 기계의 가치를 최대한 빨리 재생산해야 할 필요성이 생긴 것 등등 말입니다. 여기에 노동일 규제가 더해집니다. 기계제 생산에서는 노동일 연장의 필요성이 더 커졌는데 이런 상황에서 노동일이 규제를 받고 더 나아가 기존의 노동일을 단축하라고 하니 자본으로서는 노동강도의 강화를 통해 그걸 만회하려는 욕구와 필요가 더욱 거세지는 거죠.

기계제 생산에서 노동강도의 강화는 크게 두 방식으로 이루어집니다. 먼저 기계의 속도를 높입니다. 매뉴팩처에서는 전체 공정이 '살아 있는 메커니즘' 즉 인간들로 구성되어 있기 때문에 작업속도를 높이기가 쉽지 않았습니다. 숙련노동자들의 협조 없이는 노동강도를 강화할 수 없었지요. 하지만 기계제 생산에서 작업속도란 곧 기계의 속도에 달렸습니다. 메커니즘이 기계들로 구성되어 있으니까요. 노동자들이 작업속도를 통제할 수가 없습니다. 자본가에게는 작업속도를 높일 수 있는 손쉬운 수단이 생긴 겁니다.

마르크스는 기계를 노동강도를 높이기 위한 "객체적 수단"이라고 불렀는데요. 주체인 노동자가 아니라 객체인 노동수단을 통해 노동강도를 높이기 때문이지요. 하지만 노동강도를 높이는 데는 주체인 노동자들에 대한 훈련도 필요합니다. 마르크스가 "주체적 조건"이라고 부르는 것인데요.[김, 556~557; 강, 556] 기계제 공장에서 노동자의 훈련은 매뉴팩처 작업장에서의 숙련과 다릅니다. 기계제 공장의 노동자들이 받는 훈련은 기계의 움직임에 적절히 반응하는 것입니다. 매뉴팩처 노동자는 자기 움직임에 맞게 도구를 변형시킵니다만 기계제 공장에서는 노동자가 기계의 작동에 맞추려고 노력합니다(둘의 차이는 뒤에 다시 언급하겠습니다).

요컨대 기계제 공장에서 노동강도를 높이는 두 가지 방식이란 '객체적 수단'인 기계의 속도를 높이는 것과 '주체적 조건'인 노동자들을 훈련시키는 것입니다. 그런데 공장감독관 레너드 호너는 1845년에 펴낸 보고서에서, 기계의 속도도 그렇고 노동자의 긴장도 이미 더 높이기는 어려울 만큼 최고조 상태에 있다고 했습니다. 속도를 더 높이면 제품의 질이 떨어지거나 기계가 파손될 거라고 했지요. 이전까지는 노동일이 줄어들면 작업속도를 높이는 식으로 생산량을 종전대로 유지할 수 있었는데요. 이제는 노동일을 줄이면 생산량 감소가 불가피할 것이라고 본 겁니다(마르크스가 "영국 노동자계급을 위한 불멸의 공적을 세운 인물"로 칭찬했던 사람의 말이니 공장주의 엄살과는 다릅니다). 하지만 10년 뒤 그는 자신의 생각이 틀렸다고 밝혔습니다. 노동일의 강제단축은 생산량을 전혀 줄이지 않았습니다. 그 반대였지요. 표준노동일을 12시간에서 10시간으로 줄였는데도 생산량은 크게 늘었습니다. 호너는 기계와 노동력의 '탄력성'(Elastizität)이 그렇게까지 클 줄은

몰랐다고 고백했습니다.[김, 560; 강, 560]

실제로 10시간 노동제가 시행된 1850년대 영국의 산업 통계를 보면 공장도 늘고 기계도 늘고 생산량도 크게 늘었습니다. 예컨대 면직공장은 1850년과 1856년 사이에만 해마다 86개씩 늘어났습니다. 방추나 직기의 수도 수십 퍼센트씩 증가했고요. 그런데 노동자 수는 별로 늘지 않거나 심지어 감소했습니다. 소모사공장의 경우 1856년과 1862년을 비교하면 직기의 수는 크게 늘어났지만 노동자 수는 감소했고 다만 아동 노동자의 수는 증가했습니다.[김, 562~563; 강, 562~563] 기계가 증가했는데도 노동자 수가 감소했다는 것은 노동자가 관리해야 할 기계의 숫자와 작업 범위는 늘어났다는 뜻입니다(기계 도입과 함께 아동노동이 늘어났다는 사실도 확인이 되고요). 노동일이 12시간에서 10시간으로 줄었는데도 생산량이 늘어난 이유가 여기 있습니다. "12시간 노동을 10시간 노동에 압축(gepreßt)하는 일", 한마디로 노동강도의 강화가 있었던 거죠.[김, 563~564; 강, 563] 이는 노동일이 줄었는데도 과로사가 늘어난 이유이기도 하지요.[김, 564; 강, 564]

◦ 다이달로스의 몽상과 우울

기계는 인간의 노고를 줄여주는가. 우리는 기계의 도입과 함께 노동인구의 확장, 노동일의 연장, 노동강도의 강화가 나타나는 것을 보았습니다. 한마디로 노동이 훨씬 늘어났습니다. 이것이 기계의 자본주의적 사용입니다. 기계가 인간의 노고를 줄여줄 수도 있겠지만 그것은 자본주의에서 기계를 사용하는 목적이 아닙니다. 자본가는 이윤을 늘리기 위해 기계를 들여온 것이며, 이런 목적에서 사용하면 기계는 인간노동을 더 많이 뽑아내는 수단이 됩니다.

앞으로 우리 시리즈 11권에서 다룰 주제이기는 합니다만 기계의 자본주의적 사용과 관련해 한 가지 미리 언급해둘 것이 있습니다. 나는 기계의 도입으로 노동인구가 확장된다고 했는데요. 기계의 도입은 단순히 노동인구를 늘리는 게 아니라 남아도는 노동인구, 즉 '과잉 노동인구'(überflüssige Arbeiterpopulation)를 만들어냅니다.[김, 551; 강, 551] 생물학적으로 태어나는 인구와는 비교가 되지 않을 정도로 많은 인구를 공장에서 토해놓지요. 리카도는 기계를 상품의 생산수단일 뿐 아니라 '과잉인구'의 생산수단이라고도 했는데요. 마르크스도 그 말에 맞장구를 칩니다.[김, 551, 각주 72; 강, 551, 각주 154]

과거 1000명의 노동자가 할 수 있는 일을 기계 한 대가 10명의 노동자와 함께 수행할 수 있다고 해봅시다. 자본가는 어떻게 할까요. 1000명의 노동자를 그대로 고용하고 백 대의 기계를 사들일까요. 그렇게 하지 않습니다. 굳이 비용을 늘릴 필요가 없다고 여기지요. 자본가는 오히려 노동자들을 해고함으로써 인건비를 줄일 겁니다. 20명을 고용하고 기계 두 대를 도입하기만 해도 생산량이 두 배로 늘어날 테니까요. 인건비는 크게 줄어들 것이고요(물론 기계 구입비가 얼마나 드는지도 고려해야겠지요). 이처럼 기계제 생산에서 노동생산력의 증대는 대부분 '고용 노동자 수의 감소'를 통해 나타납니다.[김, 550; 강, 550]

그런데 여기에 모순이 있습니다. 자본가가 기계를 사용하는 것은 잉여가치를 얻기 위해서인데요. 절대적 잉여가치이든 상대적 잉여가치이든 기본적으로 잉여가치란 고용된 노동자들로부터 나옵니다. 기계를 도입함으로써 상대적 잉여가치를 얻을 수 있다고 했지만 전체적으로 고용이 감소한다면 전체 잉여가치량은 줄어들 수밖에 없습니다. 생산물의 양만 보면 기계를 사용하는 10명의 노동자가 과거 1000명의 노동자를 대신할 수 있지만, 그렇다고 10명이 1000명이 제공하는 잉여노동을 선사해주지는 않습니다. 동질적 노동이라면 10명이 하루 24시간을 모두 잉여노동으로 제공한다 해도 1000명이 제공하는 1시간씩의 잉여노동을 메울 수가 없습니다. 설령 고급노동이나 복잡노동이라 해도 100배, 1000배가 될 수는 없지요.

이것이 내적 모순입니다. 잉여가치량은 한편으로 '잉여가치율'에 달려 있지만 다른 한편으로는 '고용 노동자 수'에 달려 있습니다. 그런데 기계제 생산은 전자는 높이지만 후자를 낮춥니다. 물론 우리의 자본가는 이런 걸 '의식'하지 않습니다. 언젠가 말한 것처럼 자본가는 전체를 보는 인간이 아니고 이론적인 인간도 아닙니다. 그러나 개인이 의식하지 않는다고 해서 내적 모순이 작동하지 않는 것은 아닙니다. 마르크스가 했던 말이 있지요. "자유경쟁은 자본주의적 생산의 내적 법칙들을 개별 자본가들에 대해 외적 강제법칙으로 작용하게 만든다"(『공포의 집』, 126쪽).

　　명확한 이유를 알지는 못해도, 어쨌든 자본가들은 고용 노동자 수를 줄이면서도 다른 자본가들과의 경쟁에서 이기려면 노동을 늘려야 한다는 것을 압니다. "착취되는 노동자 수의 상대적 감소를 잉여노동의 상대적 및 절대적 증가로 보상하기 위해" 노동일을 무자비하게 늘리고 노동강도도 크게 높이지요.[김, 550; 강, 550~551] 고용 노동자 수의 감소가 더 강력한 노동착취로 연결되는 겁니다.

　　서글픈 것은 공장 노동자들의 과로를 야기하는 원인이 공장 바깥에서도 만들어진다는 사실입니다. 기계제는 노동인구를 확장하면서 고용인구는 줄입니다. 그럼 어떻게 될까요. 사회에는 실업자들의 거대한 저수지가 생겨나지요. 일종의 '산업예비군'입니다. 산업예비군의 존재는 '너 말고 일할 사람 많아'의 효과를 냅니다. 노동력 공급이 늘어나기 때문에 노동력의 가격이 가치 이하로 떨어지기 쉽고 자본가의 부당한 명령에도 저항할 수 없게 되죠. 임금도, 노동일도, 노동강도도 모두 불리한 여건에 처하는 겁니다.

　　마르크스는 기계의 도입과 더불어 노동자들이 처한 우울한 상황을 다양한 측면에서 분석했습니다. 여성노동과 아동노동에 대한 착취, 노동일의 연장, 노동강도의 강화, 고용의 감소. 이 모든 것이 서로 맞물려 불리한 상황을 배가합니다.

인간의 지적 발명품이 왜 이렇게 인간을 괴롭히게 되었을까요. 이것은 비단 19세기만의 문제가 아닙니다. 요즘 가장 뜨거운 주제인 인공지능에 대해서도 같은 질문을 던지게 됩니다. 실제로 노동자들은 이 놀라운 기술혁신의 소식을 듣자마자 일자리 걱정부터 합니다. 이를테면 인공지능 기술을 탑재한 자율주행 자동차가 개발되었다는 소식은 수많은 화물트럭 노동자들과 배달 노동자들, 이들을 대상으로 영업하는 휴게소에서 일하는 사람들의 낯빛을 어둡게 합니다. 인간의 놀라운 능력이 구현된 발명품들을 우리는 왜 축복할 수 없게 된 걸까요. 더 많은 일을 더 쉽게 처리할 수 있는 기계들의 발명품 앞에서 왜 우리는 침울해지는 걸까요.

자본주의를 알지 못했던 '고대의 위대한 사상가' 아리스토텔레스는 이런 몽상을 했습니다. "다이달로스가 제작했다는 입상들이나 '저절로 신들의 회의장으로 갔다'라고 하는 헤파이스토스의 세발솥들처럼 북이 저절로 움직이고 채가 저절로 키타리스(kitharis)를 뜯는다면, 장인에게는 조수가 필요 없고 주인에게는 노예가 필요 없을 것이다."[17] 물레의 북이 저절로 움직여 천을 짠다면 장인에게는 조수가 필요 없고 주인에게는 노예가 필요 없을 것이다. 아리스토텔레스는 '살아 있는 도구'인 노예가 필요한 이유를 그렇게 적었습니다. 반대로 말하면 북이 저절로 움직이고 채가 저절로 움직이면 노예를 필요로 하지 않으리라 본 겁니다. 그런 세상을 아리스토텔레스는 다이달로스와 헤파이스토스의 세계, 즉 신들의 세계인 듯

환상적으로 그리고 있지요. 그런데 우리는 왜 다이달로스의 입상처럼 저절로 움직이는 자율주행차, 이카로스에게 달아준 날개처럼 물건을 들어 올리는 드론 앞에서 우울을 느끼는 걸까요.

아리스토텔레스만이 아닙니다. 키케로 시대 그리스의 시인 안티파트로스(Antipatros)는 이런 시를 썼습니다. 시인은 '방아 찧는 아가씨'에게 말하죠. 힘든 노동을 멈추고 편이 쉬라고, 밤을 지새우지 말고 깊은 잠을 자라고, 수탉이 울더라도 깨지 말라고, 당신의 수고로움을 아는 여신이 요정들을 보내 당신을 대신해 수차의 바퀴를 돌리고 맷돌을 돌릴 것이라고.[김, 552, 각주 74; 강, 552, 각주 156] 안티파트로스는 저절로 돌아가는 수차 바퀴가 노고를 덜어줄 것이라고 했는데, 왜 저절로 돌아가는 자동방적기는 방적공의 노동일을 늘리고 노동 강도를 높이는 걸까요.

마르크스는 "위대한" 아리스토텔레스와 안티파트로스를 인용한 뒤, 이들에 대해 19세기의 "영악한" 정치경제학자들인 바스티아(Bastiat)와 맥컬럭(MacCulloch)이 어떻게 반응했는지를 마치 연극 대사처럼 처리했습니다. "이교도, 그렇다, 그들은 바로 이교도인 것이다!" 기독교도 모르고 정치경제학도 모르는 인간들이었다는 거죠. 마르크스는 바스티아와 맥컬럭의 말을 받아 그렇게 외칩니다. 하지만 그것은 고대의 위대한 사상과 시인에 대한 욕설이 될 수 없습니다. 그들이 개신교의 노동윤리를 모르고, 기계가 노동일 연장의 도구라는 것(그래서 많은 이윤을 낳아준다는 것)을 몰랐다는 것 말입니다. 그렇습니다. 그들은 개신교를 모르는 이교도이고, 자본주의를 모르는 고대의 인물들입니다. 그러나 그것은 그들의 약점이 아닙니다.

아리스토텔레스가 노예라는 "살아 있는 도구"의 필요를 인정했던 것은 사실입니다. 하지만 적어도 그는 "조잡하고 교양 없는 몇몇 벼락부자들(Parvenüs)을 '탁월한 방적업자', '대규모 소시지 제조업자', '유력한 구두약 상인'으로 만들기 위해 대중의 노예화를 설교"하지는 않았습니다. 그는 "살아 있는 도구"로서 '노예'의 존재를 긍정했을지언정 "대중을 노예화"하는 "기독교라는 도구"를 갖고 있지는 않았습니다.[김, 552; 강, 552] 그러나 이것이 아리스토텔레스가 바스티아나 맥컬럭보다 모자란 인물이라는 뜻은 아닙니다. 오히려 그 반대입니다. 아리스토텔레스는 이윤을 정당화하기 위해 학문과 종교를 동원하는 영악한 사람들과는 차원이 다릅니다. 마르크스가 괜히 아리스토텔레스 앞에 '가장 위대한'(der größte)이라는 수식어를 붙이고, 바스티아나 맥컬럭에게 '영리한'(gescheite) 내지 '영악한'(klug)이라는 수식어를 붙인 게 아닙니다.

3

기계노동자와 절망 공장

자본가는 노동환경 개선에 투입되는
모든 것을 비용으로 계산합니다.
시간, 공간, 햇빛, 공기 등 모든 것이 그렇습니다.
마르크스는 공장시스템이야말로
생산수단 절약의 "온상 같다"라고 했습니다.
생산수단의 절약이 "자본가의 손"에 넘어가면
"노동자의 생명조건인 공간과 공기,
햇빛, 생명에 대한 체계적 약탈,
그리고 생명이나 건강을 위협하는 생산환경에서
노동자를 지킬 수 있는 보호수단에 대한
체계적 약탈로 나타난다"라고 했습니다.

에드바르 뭉크, 〈병든 아이 II〉, 1896.
어느 쪽이 비용이 덜 들 것인가. 자본가의 관심은 항상 거기에 있다.
노동자를 값싸게 쓸 수 있으면 굳이 기계에 돈을 들일 필요가 없다.
19세기 어린아이들이 바로 그런 저임금노동자였다.

지금까지 우리는 기계제의 출현이 노동자에게 미친 일반적 효과를 살펴보았는데요. 이제 공장 안으로 들어가보겠습니다. 지난 책에서 나는 매뉴팩처 작업장에 기계가 들어오는 풍경을 이렇게 묘사했습니다. 작업장 안에는 "신체가 뒤틀리고 정신이 창백해진, 그러나 아직은 자존심을 지키는 노동자들"이 있고, 작업장 바깥에는 "새로운 노동자, 새로운 노예"가 말없이 자본가의 손을 잡고 들어오고 있다고(『거인으로 일하고 난쟁이로 지불받다』, 189쪽). '기계'를 새로 온 노동자처럼 묘사했지만 엄밀히 말해 기계는 노동자가 아니라 노동수단입니다. 기계제 대공업은 노동수단에서 일어난 혁신의 결과지요. 그러나 '기계'를 노동자처럼 묘사한 데는 그만한 이유가 있습니다. 기계제 공장 안을 들여다보면 노동자와 노동수단을 구분하는 것이 쉽지 않고, 생산과정의 주체가 누구인지 헷갈리거든요.

○ 기계노동자, 의식을 가진 '부분기계'

마르크스는 앤드루 유어(A. Ure)의 입을 빌려 공장의 모습을 묘사합니다. 마르크스는 유어를 자동화된 공장의 '핀다로스'(Pindaros)라고 추켜올렸는데요(물론 유어에 대한 마르크스의 평가를 염두에 둔다면, 고대 시인 핀다로스에 비유한 것을 순수한 찬사라고 보기는 어렵지요). 유어는 공장을 한편으로 이렇게 규정합니다. "중앙의 동력장치에 의해 작동하는 생산적 기계시스템을 숙련과 민첩성을 가지고 감독하는 상이한 계층의 노동자들(성인과 미성년 노동자들) 간의 협업." 하지만 다른 한편으로는 이렇게 규정하지요. "하나의 동일한 물건을 생산하기 위해 서로 하나로 조화를 이루며 중단 없이 작동하는, 그리하여 모든 기관들이 스스로 움직이는 하나의 동력에 종속되는, 그런 셀 수 없이 많은 기계적 기관들과 자기의식적 기관들로 이루어진 거대한 자동장치."[김, 566~567; 강, 566]

마르크스는 공장에 대한 유어의 두 가지 규정이 본질적으로 다르다고 말합니다. 마치 전혀 다른 두 곳을 본 것 같습니다. 무엇보다 생산의 '주체'가 다릅니다. 전자의 경우에는 노동자들의 결합체가 주체입니다. 결합된 노동력(사회적 노동력)으로서 '전체노동자'(Gesamtarbeiter)가 기계적 자동장치(Automat)를 다루고 있습니다. 이런 공장에서는 기계가 있지만 주체는 노동자이고 기계는 객체이지요.[김, 567; 강, 566]

하지만 후자는 다릅니다. 후자의 경우 기계적 자동장치가 주체입니다. 노동자는 이 자동장치 즉 기계시스템 안에 들어가 있습니다. 하나의 부품, 하나의 부분기계로서 말이지요. 유어는 자동장치가 '기계적 기관들'과 '자기의식적 기관들'로 이루어져 있다고 했습니다. 여기서 '자기의식적 기관들'(selbstbewußten Organen)이라고 언급된 것이 노동자들이지요. 『정치경제학 비판 요강』에서도 마르크스는 동일한 언급을 한 적이 있습니다. 그는 기계제 공장의 노동자에 대해 "생산과정의 주행위자(Hauptagent)가 아니"라고 했습니다.[18] 그러면서 노동자란 기계의 한 관절, 바로 "의식적 관절"(bewußte Glieder)에 지나지 않는다고 했지요.[19]

그러니까 노동자는 기계시스템의 편제(Gliederung)에서 한 부분에 불과한 겁니다. 엄밀히 말하자면 그는 인격체로서 노동자라고도 할 수 없습니다. 의식을 가진 '부분기계'라고 해야겠지요. 마르크스는 이 노동자를 가리키기 위해 새로운 단어를 썼습니다. 바로 '기계노동자'(Maschinenarbeiter)라는 말인데요. 이는 단순히 '기계를 다루는 노동자'라는 뜻이 아닙니다. 기계를 다룰 때조차 그는 '기계의 부분으로(부분기계로) 존재하는 노동자'입니다.

『자본』을 주의 깊게 읽다 보면 마르크스가 노동자의 존재양태 변화를 나타내기 위해 단어를 계속 바꾸어 쓴다는 걸 알 수 있습니다. 매뉴팩처에 대해 이야기하면서 그는 노동자를 '부분노동자'와 '전체노동자'로 불렀습니다. 분업이 노동자의 존재양태에 초래한 변화를 보여주기 위해서였지요. '부분노동자'는 단지 '일의 한 부분을 수행하는 노동자'라기보다 '부분으로 존재하는 노동자', 즉 '온전한 노동자'(온전한 인간)가 아니라는 의미를 담고 있습니다. '전체노동자' 역시 노동자 집단을 가리키는 말이 아니라 결합된 노동력을 가진, 전체가 하나인 거인 노동자를 지칭하기 위해 내놓은 말입니다(『거인으로 일하고 난쟁이로 지불받다』, 126쪽).

『자본』 제13장(영어판 제15장)에서도 마르크스는 기계시스템과 매뉴팩처의 차이를 설명하면서 노동자를 지칭하는 용어에 변화를 주고 있습니다. 매뉴팩처의 '부분노동자'에 상응하는 자리에 '부분기계'라는 말을 놓은 것이죠.[김, 514~515; 강, 516~517] 그리고 "기계 존재의 진보와 더불어 기계노동자들이라는 독특한(eignen) 계급의 경험이 축적되"고 있다고 말합니다.[김, 553; 강, 553] 기계제에 부합하는 새로운 노동자들이 형성됨으로써 작업속도가 늘어난 것을 설명하면서 쓴 말입니다. 매뉴팩처 작업장에 숙련노동자들이 있다면 기계제 공장에는 기계노동자들이 있는 것이지요.

기계제 공장에도 노동자들 간의 위계가 존재하기는 합니다. 기계의 한 관절이 되어 생산에 참여하는 기계노동자가 있고, 그 기계노동자의 단순 보조자인 '피더'(feeder), 즉 기계에 재료를 집어넣는 조수들이 있습니다. 그리고 생산과정에 참여하지는 않지만 기계를 수리하고 관리하는 기술자들이 있지요.[김, 568; 강, 567~568]

그러나 이것은 매뉴팩처 작업장의 숙련노동자와 비숙련 노동자의 위계와는 다릅니다. 공장 노동자들 사이의 위계는 그만큼 크지 않습니다. 거의 기능적 차이에 불과한 경우가 많지요. 기본적으로 작업을 수행하는 것은 기계입니다. 그리고 기계의 작업방식은 '인간적 한계'에 구애되지 않습니다. 매뉴팩처의 기술적 토대는 노동자의 숙련입니다만, 기계제에서는 숙련이 별 의미가 없습니다. 오히려 숙련노동자의 기술적 토대를 파괴하지요. 그래서 "전문화된 노동자들의 위계구조를 대신하여… 기계의 조수들이 행하는 노동의 '균등화'(Gleich-machung) 내지 '수평화'(Nivellierung) 경향이 나타"납니다.[김,

567; 강, 567] 기계는 일정한 훈련만 받으면 누구든 작동시킬 수 있고 생산물의 질도 큰 차이가 없습니다. 루이스 멈포드 (Lewis Mumford)가 '기계의 미학'에 대해 쓴 표현을 빌리자면 "기계는 공산주의자"라고 할 수 있지요(과거 공예 장식이 신분이나 특권을 나타냈던 것과 달리 기계 디자인에는 그런 차이가 별로 없다는 뜻에서 한 말입니다. 이를테면 수도꼭지의 기본 설계는 부자가 쓰든 서민이 쓰든 다르지 않습니다. 돈을 들여 꼭지 부분을 백조 모양으로 만들거나 꼭지 전체에 도금을 할 수는 있지만 그게 수도꼭지인 한 기본 설계는 같습니다).[20]

기계제는 오랜 시간을 보내며 쌓은 인간 노동자의 숙련을 무의미하게 만듭니다. 숙련 여부보다는 연령이나 성별로 일할 곳이 결정되는 경우가 많지요.[김, 567; 강, 567] 단순 조수 역할을 하는 사람들은 대부분 아동이나 여성입니다. 자본가들은 인건비를 절약하고 성인 남성 노동자 집단의 권력을 약화하기 위해 이들을 끌어들입니다.

여성들과 아이들이 조수 역할을 한다고 했습니다만, 어떤 의미에서는 기계제 공장의 노동자들 모두가 기계의 조수 역할을 한다고 볼 수도 있습니다. 물론 기계제가 본격화된 이후에도 관습적으로 분업시스템이 남아 있을 수는 있습니다. 노동자들이 특정 부분기계에 매달려 일하는 경우지요. 하지만 이때도 매뉴팩처의 경우와는 다릅니다. 마르크스는 말합니다. "전에는 하나의 부분도구를 다루는 일이 평생 동안의 전문 분야였지만, 오늘날에는 하나의 부분기계에 봉사하는 것이 평생의 전문 분야가 된다."[김, 570; 강, 569] 마르크스가 세심하게 단어를 골라서 썼다는 걸 여기서도 느낄 수 있습니다. 매뉴팩처에서는 노동자가 도구를 "다룬다"(führen)라고 쓴 반면, 공장에서는 노동자가 기계에 "봉사한다"(dienen)라고 썼지요. 즉 매뉴팩처에서는 노동자가 도구의 '지배자'(지도자, Führer)인 반면, 공장에서는 기계시스템의 '하인'(신하, Diener)이라는 걸 표현한 것이지요.

공장은 마치 군주와 신하들이 있는 궁정 같습니다. 기계시스템의 중앙에는 전제군주(Autokrat) 같은 '자동장치'(Automat)가 있습니다. 여기에 다양한 부속장치, 부분기계들이 조화롭게 연결되어 신하들처럼 머리를 조아리고 있지요. 이것이 유어가 그린 공장의 모습입니다. "넓은 홀에서는 증기라는 자애로운 군주가 수많은 신하들을 불러 모은 뒤 각자에게, 고된 근육노동 대신 조정된 일감을 할당하고, 거대한 팔로 에너지를 공급하면서, 다만 자신이 기량을 발휘할 때 우연히 생겨나는 작은 일탈들을 바로잡기 위한 주의력과 솜씨만을 촉구한다."[21]

∘ 껍데기 노동과 값싼 죽음

작업장에서 도구를 쓰던 거장의 솜씨(Virtuosität)는 기계 안으로 들어가버렸습니다.[김, 567; 강, 567] 공장에서는 기계가 도구를 씁니다. 기계시스템에서는 노동자조차 기계의 수단이 됩니다. 장인이 자기 손을 노동수단으로 사용하듯, 기계시스템은 노동자를 '의식적 관절'로 사용합니다. 매뉴팩처에서도 노동자는 하나의 관절, 이를테면 '손'으로만 존재했습니다. 전체 "살아 있는 메커니즘"의 관절 중 하나였지요. 그런데 공장에서는 "살아 있는 메커니즘"(전체노동자)의 관절이 아니라 "죽은 메커니즘"(기계시스템)의 관절입니다. "죽은 메커니즘"의 "살아 있는 부속물"이라고 할 수 있지요.[김, 570~571; 강, 570]

유어는 스미스 시대(매뉴팩처 시대)의 작업장에서 유용했던 원칙들이 공장제에서는 더 이상 통용될 수 없다고 했습니다. "노동의 분업, 즉 인간들의 상이한 재능에 노동을 맞추는 것은 공장에서 노동자를 고용할 때는 별 고려 사항이 아니다. 오히려 특별한 솜씨와 끈기가 필요한 부분들에는 온갖 불규칙적 행동을 하는 교활한 노동자들을 가능한 한 멀리하고, 스스로 조절이 되는 특수한 기계장치, 아이도 감독할 수 있는 기계장치를 쓴다."[22] 기계제 공장의 원칙은 매뉴팩처 작업장의 원칙과 다릅니다. 유어에 따르면 "공장시스템의 원칙은 사람의 기술(hand skill)을 기계과학(mechanical science)으로 대체하는 것이고, 장인들 사이의 노동 분할이나 등급을 프로세스의 분할로 대체하는 것"입니다.[23] 요컨대 공장에서는 인간의 재능이나 솜씨, 숙련은 중요하지 않습니다. 적절한 훈련만 받으면 아이도 기계를 감독할 수 있습니다. 이제 기계 앞에 서 있는 노동자는 거장이나 달인이 아닙니다.

전체 공정을 노동자의 인간적 능력에 따라 구분하는 게

아니라 기계의 프로세스에 따라 노동자들을 배분하기 때문에 노동자들은 기계의 운동에 자신을 맞추는 훈련을 받아야 합니다. 그러나 이 훈련은 숙련과는 다릅니다. 기계제에서는 기계와 노동자의 결합을 고정시킬 필요가 없습니다. "공장의 전체 운동이 노동자가 아니라 기계에서 나오기 때문에" 기계의 작동에 노동자를 맞추면 됩니다. 매뉴팩처에서는 숙련노동자가 그만두면 일이 중단되지만 기계제에서는 반대입니다. 기계가 작동하는 한 노동과정을 중단할 필요가 없지요. 기계의 작동에 적응한 노동자들을 계속 바꿔 투입하면 됩니다. 시간과 장소를 바꿔 노동자들을 잇달아 교체할 수 있습니다. 교환근무 제도 내지 릴레이 제도가 가능해지는 것이지요.[김, 569; 강, 568]

　　마르크스는 기계노동에 대해 이렇게 말하고 있습니다. "기계는 노동자를 노동에서 해방시키는 것이 아니라 노동의 내용에서 해방"시킨다.[김, 571; 강, 570] 기계노동은 '내용이 없는 노동'이라는 겁니다. 말하자면 '껍데기 노동'이라는 거죠. 마르크스는 독립수공업에서 매뉴팩처로 넘어올 때도 비슷한 말을 했습니다. 매뉴팩처의 노동자들은 부분노동을 수행합니다. 그래서 노동의 결과물이 완제품이 아닌 중간물이지요(『거인으로 일하고 난쟁이로 지불받다』, 125쪽). 전체 공정이 끝났을 때에만 완제품이 됩니다. 독립수공업자의 노동과 비교하면 매뉴팩처 노동자의 노동은 부분적이고 일면적인 노동입니다. 독립적으로는 의미가 없고, 옆에 있는 다른 노동자,

더 나아가서는 전체노동자의 일부로서만 의미를 갖습니다. 그런데 기계노동자가 되면 그런 부분적 의미마저 사라집니다. 노동의 실질적 내용은 기계에 담기고 노동자는 그런 기계를 관리하거나 보조하는 일만을 행하니까요.

발터 베냐민은 기계노동자의 노동을 도박에 비유했습니다. 언뜻 생각하면 납득하기 힘든 비유입니다. 기계노동자의 단조로운 노동과 도박사의 극도의 긴장을 동반하는 도박을 같다고 보기는 어려우니까요. 맞습니다. 일반적으로 보면 노동과 도박은 대립적 활동입니다. 한판을 꿈꾸는 도박사는 오랫동안 반복하면서 일을 익혀야 하는 노동을 좋아하지 않습니다. 도박은 "노동의 전유물인 무거운 과거를 무위로" 돌립니다. 도박은 반복되지만 이전 판에 구애되지 않습니다. 과거의 경험을 무위로 만들지요. 그런데 바로 이 점이 기계노동과 통합니다. 공장의 기계노동자들에게는, 베냐민의 표현을 빌리자면, "헛됨(die Vergeblichkeit), 공허함(die Leere), 완성할 수 없음(das Nicht-vollenden-dürfen) 등의 특징이 내재"합니다.[24] 내용이 없는 공허한 반복이라는 거죠. 매번 기계 앞에서 신경을 곤두세우지만(작업속도도 빠르고 위험하니까요) 그런 긴장감에 별 내용이 없습니다. 무엇보다 기계노동자에게 과거는 의미가 없습니다. 현재 반응이 중요하지요. 오랜 숙련이 아니라 매 순간의 반응을 훈련하는 겁니다.

유어는 기계가 노동자들을 고된 근육노동으로부터 해방하고 노동을 아이들도 감당할 수 있는 형태로 만든다고 했지만, 노동자의 고통이 줄어든 건 아닙니다. 마르크스는 오히려 "노동의 완화조차 고문수단으로 바뀐다"라고 했습니다.[김, 571; 강, 570] 근육을 쓰지 않고 기계 앞에서 특정 자세로 오래 머문다면 그것 자체가 "근육의 다양한 움직임을 억압"하고, "신경 계통을 극도로 피곤하게 만드는" 고문이 되지요. 기계노동은 과로를 줄여주지 않습니다. 오히려 각각의 기계노동에 고유한 질병과 과로사가 생겨나지요. 노동의 고통이 결코 줄지 않습니다. 더욱이 이 고통스러운 노동에는 의미도 없습니다. 오래 종사했다고 해서 숙련노동자가 되고 장인이 되는 게 아니니까요. 마르크스는 이를 시시포스의 노동에 비유하고 있습니다(엥겔스 책에 인용된 한 공장 조사위원의 말을 재인용한 겁니다). "노동의 무거운 짐은 시시포스의 바위와도 같이 극도로 피곤한 노동자들에게로 계속해서 다시 굴러떨어진다."[25][김, 571; 강, 570]

이렇게 말하니까 기계제 공장에서는 모두가 사무실에 앉아 기계를 작동시키는 버튼이나 누른 것처럼 보이는데요. 19세기는 물론이고 오늘날에도 공장에서는 많은 노동자들이 고된 근육노동을 수행합니다. 기계화된 공장에서도 노동자들은 무거운 물건을 들고 옮기고 조립합니다. 작업속도도 무척 빠르지요. 몇 년을 일하고 나면 근골격계에 심각한 이상이 나타나는 경우가 많습니다. 마르크스는 다만 매뉴팩처와 대비해 기계제 공장의 노동을 그렇게 이념화했을 뿐이라고 보아야겠지요.

또 하나 언급할 것이 있습니다. 전체 공정 중 어떤 부분을 자동화하고 어떤 부분을 노동자에게 맡기는지, 그리고 또 어떤 부분을 보조 작업자에게 맡기는지 생각해봐야 합니다. 이와 관련해 마르크스의 주석 하나가 눈길을 끕니다.[김, 569, 각주 102; 강, 569, 각주 184] 방적기 아래로 들어가 바닥을 청소하는 아동 노동자들의 사망사고에 대한 것인데요. 이 업무 자체는 어려운 일이 아닙니다. 기계로 쉽게 대체가 가능한 일이지요. 하지만 우리는 앞서 기계 도입의 문턱을 확인한 바 있습니다. 어느 쪽이 비용이 덜 들 것인가. 자본가의 관심은 항상 거기에 있지요. 노동자를 값싸게 쓸 수 있으면 굳이 기계에 돈을 들일 필요가 없습니다. 19세기 어린아이들이 그런 저임금노동자들이었지요. 마르크스가 주석에서 인용한 공장감독관의 보고에 따르면 많은 아이들이 기계가 작동하는 도중에 청소를 위해 방적기 밑으로 들어갔다가 사고를 당했습니다. 해당 보고서의 작성자는 기계 제작자가 자동청소기를 발명해 아이들이 기계 밑으로 들어가지 않아도 되었다면 사고를 막을 수 있었을 것이라고 썼습니다.

그런데 왜 이런 기계는 발명되지 않았을까요. 좀 전에 말한 것처럼 더 값싼 인간이 있으니까요. 마르크스는 말했습니다. 1844년 공장법으로 아동노동을 이용하는 것이 어려워지자 공장주들은 여러 기계장치들을 도입했다고요. 법으로 아이들을 쓸 수 없게 하자 그제야 기계를 도입한 겁니다. 아마도 공장주들은 이 아이들을 자신의 아이들과 똑같은 존재로 보지 않았을 겁니다. 노동자의 아이들 즉 아동 노동자들은 일종의 '인간재료'일 뿐이지요. 마르크스는 비꼬듯 이렇게 덧붙입니다. "만약 공장주들 자신의 자녀들이 공장의 보조 작업자로서 '수업'을 받아야 한다면 아직 개척되지 않은 기계학 분야도 금방 경이로운 발전을 이룩할 것이다."[김, 569, 각주 102; 강, 569, 각주 184]

그렇게 먼 이야기가 아닙니다. 우리 시대 젊은 비정규직 노동자들이 지금도 겪고 있는 일이지요. 방적기 밑바닥을 청소하러 들어갔다가 신체가 기계에 말려들어가 죽은 19세기 어린 노동자들과 발전설비를 청소하러 들어갔다가 구동 모터 안으로 신체가 말려들어가 죽은 21세기 한국의 어느 청년 노동자의 죽음은 이유가 같습니다(지금 우리 사회에서는 현장실습이라는 명목으로 상당히 많은 학생 노동자들이 값싼 인력으로 공장에 투입되고 있습니다. 최근만 해도 몇 명의 어린 노동자들이 정비 불량인 기계장치에 몸이 끼거나 노동강도를 높이는 과정에서 자행된 폭력에 숨을 거두었습니다).[26] 이들의 작업환경에는 돈을 쓰지 않지요. 필요하면 언제나 충원할 수 있고 필요 없으면 언제든 해고할 수 있는 값싼 '인간재료'라고 생각하니까요. 오히려 사고로 인해 값비싼 기계 쪽에 손상이 갈까 더 걱정이겠지요.

○ 절망 공장의 노동자

매뉴팩처에서 노동자가 도구의 '지배자'라면 공장에서는 기계시스템의 '하인'이라고 했습니다. 마르크스는 기계 앞에 서 있는 기계노동자의 모습을 "과학과 거대한 자연력, 사회적 집단노동 앞에 서 있는 하찮은 존재(winzig Nebending)"로 묘사합니다. 그러면서 이 둘을 따옴표를 써서 "마이스터"(Meister)와 "핸덴"(Händen)이라고 불렀는데요.[김, 572; 강, 571] 각각 '장인'과 '직공들'(일손)로 옮길 수 있는 말입니다. 그런데 우리는 '마이스터'와 '한트'(Hand)를 '주인'과 '하인'으로 옮길 수도 있습니다.

이런 의미들을 생각하다 보면 자연스레 유어가 그린 공장의 풍경이 떠오릅니다. 중앙에 자동장치가 군주처럼 서 있고, 기계노동자를 비롯해 다양한 기계장치들이 신하처럼 머리를 조아리는 모습 말입니다. 군주인 중앙의 자동기계에 머리를 조아리는 부분기계들의 모습은 군주인 자본가에게 머리를 조아리는 노동자의 모습으로 바꾸어도 좋을 겁니다. 기계는 자본가의 것이니까요. 기계시스템에 대한 기계노동자의 예속은 자본가에 대한 노동자의 예속일 수밖에 없습니다. 마르크스는 기계의 일부가 된 노동자의 처지를 가리키며 "공장 그리고 자본가에 대한 노동자의 절망적 종속이 완성된다"라고 썼습니다.[김, 570; 강, 569]

우리가 지난 책에서 미리 만났던 유어가 내지른 외침의 제자리가 여기입니다(『거인으로 일하고 난쟁이로 지불받다』, 189쪽). "아크라이트가 질서를 만들어냈다!" 마르크스는 이 외침이 들어 있는 본래의 단락을 여기서 길게 인용합니다. "[공장의] 주된 어려움은… 무엇보다도 사람들로 하여금 자신들의 종잡을 수 없는 노동 습관을 버리게 하고 그들을 복잡한 자동 장치의 변함없는 규칙성에 일치시키도록 만드는 데 있다. 공장에서 근면하게 일하게 하는 데 필요한 성공적인 규율 법전을 고안하고 실행하는 것은 헤라클레스적 과업이라고 할 수 있는데, 이것이 바로 아크라이트의 고귀한 업적이다!"27[김, 573; 강, 572]

마르크스는 '아크라이트'에게 '고귀한'(noble)이라는 수식어를 붙인 것에 분개했습니다만(아크라이트의 특허는 다른 사람의 발명을 훔친 것이었으니까요), 기계를 통한 노동과정의 기술적 장악이 노동자에 대한 장악으로 이어졌다는 점을 인정합니다. 마르크스는 '공장체제'(Fabrikregime)라는 독특한 용어를 쓰고 있습니다.[김, 572; 강, 572] 공장을 일종의 통치체제로 바라본 것이지요. 그가 묘사하는 공장체제는 병영을 닮아 있습니다. 그는 이전에도 작업장에서 노동자들을 편성하는 것을 부대에 비유한 바 있습니다. 노동자들을 감독하는 관리자들을 군대의 장교와 하사관에 비유했었지요(『거인으로 일하고 난쟁이로 지불받다』, 94쪽). 그런데 기계제 공장에서는 이런 체제가 더욱 완전한 형태로 발전합니다.

나는 앞서 마르크스의 기계 개념을 이해하기 위해서는 그 계보에 고대 그리스의 밀집부대를 포함해야 한다고 말했는데요. 기계제 공장의 노동자들 구성이 부대를 닮은 것은 이해할 만합니다. 노동자들의 움직임은 기계의 균질적 운동에 맞춰져야 합니다. 남성, 여성, 아동으로 구성된 노동의 각 단위가 부대처럼 움직여야 하지요. 그러려면 '병영적'(kasernenmäßige) 규율이 필요하고, 이들을 담당하는 노무관리자(하사관)가 필요합니다.[김, 572; 강, 572]

마르크스는 자본가가 사회에서는 속물적 무정부주의자가 되지만 공장에서는 어떤 낭비나 무질서도 용납하지 않는 전제군주가 된다고 했는데요(『공포의 집』, 123쪽). 공장에서 자본가는 자신만의 독자적 법전을 가지고 있습니다(『생명을 짜넣는 노동』, 110쪽). 공장은 그의 전제정치(독재, Autokratie)가 펼쳐지는 공간입니다. 사회에서 부르주아들은 권력분립과 대의제를 외칩니다. 하지만 공장에서는 어림도 없지요. 마르크스는 "부르주아계급이 그토록 좋아하는 권력분립도 없고, 그 이상으로 좋아하는 대의제도 없다"라면서 공장체제를 비꼬고 있습니다.[김, 573; 강, 572] 노동자들이 노동과정과 관련해 조금만 의사결정에 관여하려 하면 '경영권 침해'라고 펄펄 뛰지요. 여기에 한국 재벌들은 세습 체제까지 구축하고 있는데요. 북한의 삼대 세습은 그리도 비난해대지만 삼성이나 현대의 삼대 세습은 아무렇지 않게 받아들이지요. 공장 안과 바깥에서 부르주아의 정의감이 이렇게 다릅니다.

다시 공장의 규율 법전 이야기로 돌아가보죠. 자본가는 강력한 규율을 원하지만 노예주처럼 채찍을 휘두르지는 않습니다. 대신 그는 징벌 장부를 갖고 있지요. 인사고과를 매겨 임금과 승진에 반영합니다. 당시에는 노동자에게 벌금을 부과하거나 임금을 삭감하는 경우가 많았는데요. 징벌은 항상

규범을 지킨 경우보다 어겼을 경우에 규범 제정자에게 이익이 가게끔 설계되는 법이지요.[김, 573; 강, 573] 즉 노동자들이 규범을 어기는 것이 공장주에게 더 큰 이익을 선사하는 경우가 많았습니다. 이를테면 노동자가 10분을 지각하면 하루임금의 4분의 1을 삭감하는 식이었죠. 게다가 공장에 시계가 없다는 점을 악용해 출퇴근시간을 임의로 조작해 벌금을 부과하기도 했고요. 원료나 기계 손상을 이유로 임금을 공제하기도 했습니다.[김, 573, 각주 108; 강, 573, 각주 190]

마르크스는 공장을 병영에도 비유했지만 또 감옥에도 비유했습니다. 노동자들이 필요로 하는 생명의 조건들을 체계적으로 박탈했으니까요. "빽빽이 들어찬 기계들로 인한 생명의 위험—계절마다 정기적으로 「산업재해 보고서」들이 그 위험(사망자와 부상자 명단)을 알리고 있다—은 논외로 치더라도, 인위적으로 높여놓은 온도, 원료에서 떨어져 나온 먼지가 가득한 공기, 고막을 찢는 소음 등으로 말미암아 모든 감각기관들이 손상을 입는다."[김, 575~576; 강, 574]

공장에 기계가 도입된 것이 노동자들의 노동을 절약하거나 수고를 덜어주기 위함이 아니듯 공장의 환경은 노동자의 건강을 위해 조성된 게 아닙니다. 생산에서 중요한 것은 노동자가 아니라 기계입니다. 당연히 생산환경은 기계에 최적화되어 있습니다. 한국의 전자산업 종사자들 가운데 직업병 피해를 입은 사람들의 증언을 담은 〈클린룸 이야기〉Stories from the Clean Room(2017)라는 다큐멘터리가 있는데요. 제목의 '클린룸'이란 전자제품에 먼지 하나 안 들어가게 만들어진 공간입니다. 그러나 먼지는 없을지 몰라도 인체에 유독한 가스는 가득하지요(한 증언자는 이 온갖 가스에 대해 말하다가 '홀로코스트'라는 표현을 씁니다. 아우슈비츠의 가스실을 떠올린 거죠). '클린룸'에서 일하는 노동자들은 백혈병이나 뇌종양, 기타 여러 희귀병을 얻었습니다. 노동자의 건강과 인권을 옹호하는 단체 '반올림'(SHARPS)에 따르면, 이 단체에 등록된 피해 노동자만 370명이 넘고 이들 중 130명이 숨을 거두었습니다. 왜 노동자들은 '클린룸'에서 병을 얻고 목숨을 잃었을까요. 이유는 간단합니다. 사람을 위한 클린룸이 아니라 기계를 위한 클린룸, 상품을 위한 클린룸이었던 겁니다.

엄밀히 말하면 기계나 상품을 위한 클린룸이라기보다는 이윤을 위한 클린룸이지요. 자본가는 노동환경 개선에 투입되는 모든 것을 비용으로 계산합니다. 시간, 공간, 햇빛, 공기 등 모든 것이 그렇습니다. 마르크스는 공장시스템이야말로 생산수단 절약의 "온상 같다"라고 했습니다. 생산수단을 절약하는 일이 "자본가의 손"에 넘어가면 "노동자의 생명조건인 공간과 공기, 햇빛, 생명에 대한 체계적 약탈, 그리고 생명이나 건강을 위협하는 생산환경에서 노동자를 지킬 수 있는 보호수단에 대한—노동자들에 대한 편의시설은 말할 것도 없고—체계적 약탈로 나타난다"라고 했습니다.[김, 576; 강, 574~575]

생산수단을 아끼는 것이 그 자체로 나쁜 것은 아닙니다.

사회적 자원을 아끼는 것은 여러모로 유익한 일이지요. 그러나 자본주의적 생산에서는 그렇지 않습니다. 여기서 절약은 곧잘 약탈로 변합니다. 노동일에 관한 장을 살피면서 말한 바 있지요. 자본가는 대단한 절약가이면서 동시에 낭비가라고요(『공포의 집』, 108쪽). 정확히 말하면 그의 절약이 곧 그의 낭비라고 할 수 있습니다. 그는 임금을 아끼고 연료를 아끼고 시간을 아끼고 공간을 아낍니다. 그는 모든 비용을 아낍니다. 그런데 그것이 바로 낭비입니다. 그는 노동자들의 건강과 생명을 낭비합니다. 이런 공장을 무엇이라고 불러야 할까요. 마르크스는 샤를 푸리에가 적절한 이름을 달아주었다고 했습니다. "조금 느슨한 감옥"(les bagnes mitigés), 그것이 공장의 이름입니다.[김, 577; 강, 575]

ㅇ 두 사람의 관찰자—유어의 눈과 엥겔스의 눈

실제로 당시에도 공장의 노동환경에 대한 사회적 비난이 있었습니다. 이때 공장주들은 일부 인사들에게 공장을 시찰할 수 있도록 했는데요. 공장주들의 행태에 대해『영국 노동자계급의 상태』에서 엥겔스가 길게 달아둔 주석이 있습니다.[28] 아마도 엥겔스 자신의 체험이 아닐까 싶습니다. 공장 노동자들의 상태를 좀 알고 싶다는 식으로 말하면 공장주들은 시골에 있는 공장으로 데려간다고 합니다. 그곳에는 웅장하면서도 질서정연하고 환풍기까지 갖춘 깨끗한 건물이 있습니다. 거기 노동자들은 활기차 보입니다. 공장주는 방문객에게 멋진

식사를 대접한 뒤 노동자들의 주거지로 안내합니다. 대체로 노동을 감독하는 관리자들의 집입니다. 거기서 방문객들은 "완전히 공장 덕분에 먹고사는 가족들"을 봅니다. 그리고 공장주가 노동자들의 주거지에 학교와 교회, 도서관을 지어주었다는 말까지 듣습니다. 그러고 나면 공장의 노동환경에 비판적 견해를 가졌었던 방문객은 생각을 바꿉니다. 그동안 자신이 들었던 공장의 온갖 해악, 특히 노동자의 건강과 생명에 관한 이야기들은 모두 헛소문인 것 같다고. 그러고는 기계제 공장의 찬미자로 돌변하지요.

엥겔스는 이런 방문객이 어떤 사람인지도 밝혀두었습니다. 바로 기계제 공장의 찬미자 앤드루 유어 같은 사람입니다. 유어가 본 것과 엥겔스가 본 것은 하늘과 땅 차이입니다. 유어처럼 조야한 눈을 가진 사람, 아니 어쩌면 영악한 눈을 가진 사람은 노동자들이 죽어 나가는 도시의 공장들을 보지 않습니다. 환기도 되지 않는 시설에서 장시간 기계 앞에 붙어 있는 노동자들을 만나지 않습니다. 하수처리도 되지 않는 토굴 같은 곳에서 오물을 곁에 두고 바람과 햇볕도 없이 뒤엉켜 살아가는 노동자들의 집단거주지를 방문하진 않지요.

사실은 시골 공장에 내려가서도 마찬가지입니다. 그 방문객은 일반 노동자들의 비참한 주거지들을 찾아가지 않습니다. 시골 공장들 주변은 노동자 주거지가 모자랍니다. 공장주들은 이런 상황을 이용했지요. 허름한 오두막을 지어놓고 집세를 왕창 뜯어 갔습니다. 엥겔스는 당시 공장주들이 집세로 얻은 수익률은 공장에서 얻는 수익률의 두 배 이상이라고 했습니다.[29] 주거지가 모자라기 때문에 집세를 쉽게 올릴 수 있습니다. 게다가 공장 주인인 집주인은 해고라는 무기를 쥐고 있었기 때문에 집세를 올리는 일이 더 쉬웠습니다. 그뿐 아니라 이 오두막들은 파업을 막는 데도 효과적이었습니다. 공장에서 해고되면 집도 비워주어야 했으니까요.

유어 같은 방문객은 이런 사실을 전혀 모릅니다. 눈도 없고 의지도 없으니까요. 그는 학교와 도서관이 세워졌다는 것에 감탄합니다만, 학교에서 무엇을 어떻게 가르치고 도서관에 비치된 자료들이 어떤 것인지를 살펴보지는 않습니다. 도서관에 비치된 자료들은 모두 부르주아지의 이해만을 대변하는 인쇄물이며, 당시 사회를 달구고 있던 차티스트나 사회주의 관련 인쇄물을 읽는 노동자가 혹 있다면 곧바로 해고된다는 사실을 듣지 못했습니다.

이것이 유어의 『제조업의 철학』과 엥겔스의 『영국 노동자계급의 상태』의 차이입니다. 유어는 왜 공장의 노동자들이 갑자기 차티스트가 되고 사회주의자가 되는지 이해하지 못할 겁니다. 왜 이토록 좋은 공장 시설과 제도를 거부하는지 말입니다. 아마도 노동자들이 너무 무지해 자기들한테 좋은 것도 몰라본다고 생각하거나 너무 욕심이 많아 지금의 좋은 상황조차 받아들이지 않는다고 생각하겠지요. 그러나 정작 자신들이야말로 이익에 눈이 멀어 아무것도 보지 못했고 또 보지 않으려 했습니다. 마르크스가 『자본』 서문에서 말한 것처럼, 모자를 눈 아래까지 눌러쓰고는 아무것도 보이지 않는다고 말하는 꼴이지요. 엥겔스의 말 그대로입니다. "이 신사들은 피고용인들이 어떤 상황에 처해 있는지도, 그들이 무엇을 원하는지도 모르거니와, 알게 될 경우 마음이 불편해질 사실들, 나아가 자기네 이해관계와 정반대로 행동할 수밖에 없다는 사실을 감히 알려고 하지 않는다."[30]

마르크스의 『자본』에 대한 엥겔스의 기여를 여기서 다시 한번 실감합니다. 엥겔스의 눈이 없었다면 기계제 공장의 노동환경에 대한 마르크스의 서술은 불가능했을 겁니다. 노동환경만이 아닙니다. 공장의 작업형태에 대한 묘사와 분석에서 마르크스는 많은 부분 엥겔스의 도움을 받았습니다. 노동일에 관한 장에서도 그랬지만 기계제 공장에 대한 장에서도 엥겔스의 기여는 절대적입니다.

○ 증기왕을 처단하라

공장주가 보여주고 싶어한 것을 본 유어와 공장주가 감춘 것('관계자 외 출입 금지')을 본 엥겔스. 둘이 본 공장은 너무나 다릅니다. 앞서 유어가 묘사한 기계제 공장을 떠올려볼까요. 넓은 홀의 한가운데에 증기라는 자애로운 군주가 있습니다. 그는 신하들에게 일감을 하나씩 주고 소명을 부여합니다. 모든 신하들이 그에게 머리를 조아리지요. 증기왕이 다스리는 참으로 조화로운 체제이고 나라입니다.

그런데 엥겔스는 이 조화가 폭력의 산물이라고 고발합니

다. "거대하고 복잡한 공장에서 제각각인 작업들을 조화시키기 위해서는… 공장에서도 군대만큼이나 엄격한 규율이 필요하다"라고 말이지요. 그러면서 덧붙입니다. "가증스럽기 그지없는 폭정이 없으면 유지되지 못하는 사회질서가 어떤 사회질서이겠는가?"[31] 유어가 '자애로운 군주'가 다스리는 조화로운 나라처럼 묘사한 것이 엥겔스가 보기에는 "가증스럽기 그지없는 폭정"입니다. 공장체제는 폭력적인 전제정치이고 독재입니다.

그럼 어떻게 해야 할까요. 엥겔스는 공장제에 대한 당시 노동자들의 감정을 아주 정확히 표현한 시가 있다고 말합니다. 에드워드 P. 미드(Edward P. Mead)의 시인데요. 제목이 '증기왕'(The Steam King)입니다. 조금 길지만 그대로 인용해보겠습니다.[32] 엥겔스가 말하는 "공장 노동자들의 처지"와 "노동자들이 스스로 수행해야 하는 과제"가 담겨 있으니까요.

왕이 있다네, 무자비한 왕; 시인이 꿈꾸는 그런 왕이 아니야
잔인한 폭군, 백인 노예들은 익히 알고 있지, 증기가 그 무자비한
왕의 이름이야
그는 팔을 가졌지, 강철로 된 팔, 비록 하나뿐이기는 하지만,
그 강력한 팔에는 마력이 있어, 수백만 명을 파멸로 몰아넣는.
벤힌놈 골짜기에 서 있는, 음산한 고대의 신 몰록처럼,
그의 불타는 그릇에는 먹잇감인 아이들이 들어 있네.
그의 굶주린 사제들은 피를 갈구하는, 오만하고 뻔뻔한 무리들;

그의 거대한 팔을 이끌어 피를 황금으로 바꾼다네.

탐욕의 노예 사슬에 묶인 그들은 더러운 이익을 위해 모든 자연권을 속박한다네;

그들은 사랑스러운 여인의 고통을 조롱하고, 사내의 눈물을 외면하지.

노동자의 아이들이 내뱉는 한숨과 신음소리가 그들 귀에는 음악이고,

젊은 남녀의 뼈만 남은 망령들이 모습을 드러내지, 이 증기왕의 지옥에서 말이야.

증기왕이 태어난 이래 지상에는 그런 지옥들이 널려 있어.

절망이 사방으로 흩뿌려지지; 천국을 본뜬 인간의 마음이,

몸과 함께 거기서 살해되었으니 말이야.

그러니 왕을 타도하라, 몰록왕을 타도하라, 그대 수백만 노동자여;

왕의 손에 사슬을 채우지 않으면, 우리의 고국은 그에 의해 몰락할 터이니.

왕의 혐오스러운 태수들, 그 오만한 공장 귀족들, 지금 황금과 피를 게걸스럽게 먹고 있는 그들 모두를,

국민의 성난 얼굴이 처단해야 한다, 그들 괴물 신과 더불어.

———에드워드 P. 미드, 〈증기왕〉

4

노동자와 기계의 전쟁

기계제 생산에서는 생산성의 증대가
'고용 노동자 수의 감소'로 나타납니다.
노동자는 정말로 쫓겨났습니다.
기계가 공장에 들어오자
노동자들이 길거리에 나앉은 겁니다.
마치 일자리를 놓고
기계와 노동자가 경쟁하는 꼴이 되었습니다.
기계는 한갓 노동수단인데요.
"노동수단이 기계의 형태를 취하자마자 곧바로
노동자의 경쟁 상대가 된 것"이지요.
기계가 한 대 들어오면 노동자는
수백 명이 쫓겨납니다.
"노동수단이 노동자를 때려죽"이는,
그런 세상이 온 것일까요.

THE LEADER OF THE LUDDITES

러다이트 운동의 지도자, 네드 러드를 묘사한 채색 판화, 1812.
19세기 초 '러다이트'라고 불리는 대규모 기계파괴 운동이 영국에서 일어났다.
마르크스는 러다이트 운동을 두고, 노동자가 "자본주의적 생산양식의 물적 토대인
생산수단의 특정한 형태에 대해 봉기를 일으킨 것"이라고 했다.

영국에서는 19세기 초에 '러다이트'(Luddite)라고 불리는 대규모 기계파괴 운동이 일어났습니다. 운동의 지도자 '네드 러드 장군'(General Ned Ludd)의 이름을 딴 것인데요. 이 이름으로 운동의 선언문까지 배포되었지만[33] 실제로 그가 누구인지, 심지어 실존 인물인지조차 확실치 않습니다. 지도자와 조직을 보호하기 위해 가짜 이름을 썼을 수도 있고, 봉기가 펴져나가는 과정에서 어떤 신비화가 일어났을 수도 있습니다. 어떻든 공장주들로서는 무척 두려운 이름이었던 것 같습니다. 어떤 노동자들은 '네드 러드'라는 이름으로 편지를 보내 공장주를 위협한 혐의로 재판을 받았다고 하니까요.[34]

◦ 대규모 기계파괴 운동

기계파괴 운동은 1811년과 1812년 사이에 특히 격렬했는데요. 이때는 진압을 위해 1만 명 넘는 병력이 투입되었다고 합니다. 봉기의 규모와 강도가 상당했던 모양입니다. 매우 폭력적인 진압이 이루어졌고 주모자들은 처형되었습니다. 폭력적 진압이 이루어졌다는 건 그만큼 투쟁이 격렬했다는 뜻이기도 하겠지만 민중 봉기에 대한 통치자들의 공포가 그 정도로 컸다고도 볼 수 있습니다. 프랑스혁명과 자코뱅에 대한 공포가 여전히 유럽을 배회할 때였으니까요. 그야말로 통치자들이 '반자코뱅주의'로 똘똘 뭉쳐 있던 시절이죠. 마르크스가 『공산주의당 선언』의 첫머리에 썼던 반동의 시절, "옛 유럽의 모든 세력들이 [공산주의라는] 유령의 성스러운 사냥을 위해 동

맹"했다고 말한 때가 이때입니다.[35]

　사실 자본주의에서 자본가계급과 노동자계급의 투쟁이 특별한 것은 아닙니다. 마르크스의 말처럼 두 계급의 투쟁은 "자본관계 그 자체의 발생과 함께 시작"되었습니다. 매뉴팩처 시대에도 당연히 노동자들의 투쟁이 있었습니다. 그렇다면 기계파괴 운동의 특별함은 어디에 있을까요. 그것은 투쟁의 '대상'이 노동수단이라는 데 있습니다. 노동자가 "자본주의적 생산양식의 물적 토대인 생산수단의 특정한 형태에 대해 봉기를 일으킨 것"입니다.[김, 577~578; 강, 576]

　마르크스는 기계파괴 운동을 매뉴팩처 시대의 투쟁과 비교하는데요. 그에 따르면 매뉴팩처 시대의 투쟁은 "매뉴팩처를 전제로 하는 것이지 결코 매뉴팩처의 존재 자체를 겨냥한 것은 아"니었습니다. 매뉴팩처에 대한 투쟁도 있기는 했습니다. 하지만 그것은 매뉴팩처의 임금노동자들이 아니라 "길드의 장인들과 특권 도시들에서 나온 것이었습니다. 매뉴팩처가 길드의 특권을 침해한다고 생각했기 때문이지요.[김, 580; 강, 577]

　그러나 매뉴팩처 노동자들은 매뉴팩처의 작업방식을 거부하지 않았습니다. 분업이 노동자를 몰아내는 수단은 아니었으니까요. 분업을 통해 예전에 100명이 하던 일을 10명이 해낸다고 해도 그것이 노동자들을 작업장에서 몰아내는 일로 이어지지는 않았습니다. 오히려 노동력 부족에 대한 해결책으로 보였지요. 실제로 자본주의적 생산양식이 자리를 잡으면서 매뉴팩처들은 노동력을 찾아 농촌 지역으로 갔습니다 (농촌은 도시 길드의 통제력이 미치지 않는 곳이었기 때문이기도 하고요).

그러나 기계제에서는 상황이 다릅니다. 앞서도 말한 것처럼 기계제 생산에서는 생산성의 증대가 '고용 노동자 수의 감소'를 통해 나타납니다. 이를 마르크스는 아주 실감나게 표현했는데요. 누군가 "영국에서 50만 명이 기계로 방적을 하는데, 낡은 물레로 방적을 하려면 1억 명이 필요할 것"이라고 말한다면, 이는 실제로 1억 명 가까운 노동자를 해고했다는 뜻이 아닙니다. 현존하는 기계를 대체하려면 그 정도 수의 노동자가 필요하다는 뜻이지요. "반면 증기직기가 영국에서 80만 명의 직공을 거리로 내쫓았다고 얘기할 때, 그 말은 현존하는 기계를 대체하기 위해 그만큼의 노동자가 필요하다는 말이 아니라 실제로 기계에 의해 대체되거나 쫓겨난 노동자 수가 그렇다는 뜻이다."[김, 580; 강, 578] 이것은 가상의 계산이 아니라 실제 상황입니다(증기직기는 러다이트 운동의 가장 격렬한 공격 대상이었지요). 노동자는 정말로 쫓겨났습니다. 기계가 공장에 들어오자 노동자들이 길거리에 나앉은 겁니다.

마치 일자리를 놓고 기계와 노동자가 경쟁하는 꼴이 되었습니다. 기계는 한갓 노동수단인데요. "노동수단이 기계의 형태를 취하자마자 곧바로 노동자의 경쟁 상대가 된 것이지요."[김, 582; 강, 579] 단순한 경쟁 상대가 아닙니다. 기계가 들어와서 생존조건을 잃은 노동자 수는 기계 수만큼이 아니지요. 기계가 한 대 들어오면 노동자는 수백 명이 쫓겨납니다. 그뿐이 아닙니다. 추방을 면한 노동자들의 지위도 위태로워집니다. 이들은 추방의 공포 때문에 노동일의 연장과 노동강도의 강화를 감내할 수밖에 없습니다. 게다가 추방된 노동자들이 노동력의 저수지를 형성하고 있기 때문에 노동력의 가격이 하락합니다. 살기 위해서는 제값을 받지 못해도 팔아야합니다. 판매가 되지 않는 노동력이란 "통용되지 않는 지폐"처럼 아무런 가치도 없으니까요.[김, 582; 강, 579]

"노동수단이 노동자를 때려죽인다(erschlagen)."[김, 584; 강, 581] 토머스 모어(Thomas More)는 『유토피아』에서 '양이… 사람을 잡아먹는 괴상한 나라'에 대해 말했는데요. 마르크스는 이것을 15세기 말에서 16세기 초, 즉 자본주의의 '소위 시초축적기'에 일어난 '인클로저'에 대한 비유로 받아들였습니다. 양모 가격이 급격히 오르자 영국의 영주들이 양을 키우기 위해 농민들을 몰아낸 일을 나타낸다는 것이지요.[김, 986, 각주 4; 강, 969, 각주 193] 양모 매뉴팩처가 급속히 성장하던 때입니다. 그때는 양이 농부를 잡아먹었는데 바로 그 '괴상한 나라'에서 이번에는 기계가 사람을 때려죽이는 겁니다.

기계제 생산의 지지자들은 노동자들이 겪는 고통이 산업구조 전환기에 '일시적으로'(zeitlich) 나타나는 것이며, 모든 분야에서 동시에 추진되는 게 아니라 한 분야씩 '점진적으로'(allmählich) 기계제 전환이 이루어질 것이므로 괜찮을 거라고 했습니다. 그러나 마르크스는 이것이 얼마나 부질없는 위로

인지를 보여줍니다. '일시적으로'라는 말과 '점진적으로'라는 말의 차이는 급성적 고통과 만성적 고통의 차이일 뿐입니다. 해당 분야가 급속히 기계화되면 그로써 노동자는 곧바로 길바닥에 나앉게 되는 것이며, 점진적으로 기계화되면 노동자는 고용불안과 임금 하락을 겪으며 만성적 빈곤에 시달리게 되지요.[김, 582; 강, 579~580]

예컨대 영국의 수직기 직조공들은 역직기의 도입과 더불어 수십 년에 걸쳐 서서히 몰락했습니다. 말하자면 그들은 천천히 말라 죽었습니다. 마르크스는 "세계 역사상 이처럼 처참한 광경은 없었다"라고 썼습니다.[김, 582; 강, 580] 이들 중 상당수는 하루에 겨우 2.5펜스로 연명했는데요. 기계와의 경쟁에서 살아남으려 대폭적 임금 삭감을 받아들인 겁니다. 이 돈으로 연명했다고 썼지만 사실은 연명이 불가능했습니다. 이들이 곧바로 죽지 않았던 것은 교구의 구호금이 지급되었기 때문이지요.[김, 583, 각주 117; 강, 580, 각주 198] 반면 영국의 면방직업이 기계화되자 인도인들은 곧바로 몰락했습니다. 무슨 일이 일어났는지는 마르크스가 인용한 동인도 총독의 말이면 충분할 겁니다. 그는 1834~1835년에 이렇게 말했습니다. "면직공의 뼈가 인도의 들판을 하얗게 뒤덮고 있다."[김, 583; 강, 580] 이것이 만성과 급성의 차이입니다.

인도에서 일어난 일에 대해서는 덧붙이고 싶은 게 있습니다. 우리는 기계의 자본주의적 사용에 대해 말하고 있습니다만, 사실은 어떤 분야에서 어떤 기계가 어떤 식으로 발명되고 발전하는가에 대해서도 생각할 필요가 있지요(부록노트 II '캘리포니아 농업의 기계화와 멕시코인화'를 참고하세요). 인도에서 일어나는 일과 영국의 면방직 기계의 발전은 무관하지 않습니다.

왜 면방직 분야에서 기술혁신이 먼저 일어났을까. 이것은 꽤 흥미로운 질문입니다. 왜냐하면 18세기 초까지 서유럽의 주요 산업은 면직업이 아니라 모직업이었기 때문입니다. 모직업은 18세기 말까지 크게 팽창했습니다. 직물이라고 하면 모직을 먼저 떠올렸지요. 그런데 왜 18세기 말의 기술혁신은 모직업이 아니라 면직업에서 일어났을까요.

이매뉴얼 월러스틴(Immanuel Wallerstein)에 따르면 그것은 인도를 겨냥했기 때문입니다.[36] 모직업의 경우 영국의 생산자는 서유럽의 다른 생산자들과 경쟁을 해야 했습니다. 새로운 기술을 개발해도 금세 모방되었지요. 그러나 당시 면직물의 상당수는 인도에서 오고 있었습니다. 인도에는 인건비가 싸면서도 숙련도가 높은 노동자들이 많았거든요. 영국 면직업의 기계들은 바로 이 노동자들과 경쟁하면서 그들을 몰락시켰지요. 그 결과가 앞서 말한 '들판을 하얗게 뒤덮은 인도 면직공들의 뼈'입니다. 자본주의와 식민주의의 결합이었지요. 영국의 기계들은 한편으로 영국의 노동자들을 예속시켰지만 다른 한편으로는 인도의 노동자들을 죽음으로 내몰았습니다. 원료인 면화를 수입해 인도에 돈을 지불했지만, 면직업이 붕괴된 인도에 면직물을 팔아 원료로 지불한 돈보다 훨씬 큰돈을 인도에서 뽑아냈습니다.

잠시 '일시적'인 고통과 '만성적'인 고통을 나누었습니다만 이제 이런 구별은 의미가 없게 된 것 같습니다. 둘이 점차 수렴해가니까요. 구조조정이란 구조 전환기에 나타나는 일시적 사건 같았지만 언제부턴가 우리는 만성적 구조조정 사회를 살아가고 있습니다. 노동 불안정이 일시적인 것이 아니라 항상적인 것이 되었다는 말입니다. 한국 사회에서는 1990년대 말 외환위기 이후 대부분의 노동자들이 체험해온 사실이지요. 이처럼 노동의 불안정성은 시기마다 차이가 있습니다만, 그래도 기본적으로는 자본주의적 생산방식에 내재한 성격이고(노동력의 구매와 처분이 사실상 자본가의 손에 달려 있으니까요), 생산성 혁신이 곧 고용 감소를 의미하는 기계제 생산에서는 더욱 그렇습니다.

마르크스 역시 19세기 현실에서 비슷한 것을 목격합니다. 면직공들의 고통은 19세기 초반의 문제가 아닙니다. 기계제로의 전환 과정에서 생겨나는 일시적 문제가 아니라는 거죠. 그는 1860년대 통계를 제시했는데요. 1861년부터 1868년에 영국 전체의 면직공장은 338개가 줄었습니다. 그러나 생산물의 양은 증가합니다. 기계의 개량이 일어났기 때문이기도 하고 자본이 소수 자본가의 수중에 집중되었기 때문이기도 합니다. 흥미로운 점은 방추의 수가 크게 늘어났는데도 고용 노동자 수는 5만 명가량 줄어들었다는 겁니다. 이는 노동자 축출이 매뉴팩처를 기계제로 바꿀 때 일시적으로 생기는 현상이 아님을 보여주지요. 기계제로 전환이 이루어진 뒤에도 기계의 발전과 더불어 노동자의 축출이 계속해서 일어나는 겁니다. 고통이 급성처럼 지독하면서도 만성처럼 항상적인 것이 된다는 뜻입니다.[김, 588; 강, 585]

○ 기계는 자본가의 무기

지금까지 우리는 기계 도입의 문턱을 경제적 측면에서만 생각해보았습니다. 기계의 가치와 기계가 대체하는 노동력의 가치만을 따졌지요. 그런데 자본가가 기계를 경제적 이유로만 도입하는 것은 아닙니다. 기계는 자본가의 생산수단일 뿐 아니라 전쟁의 수단, 즉 무기이기도 합니다. 마르크스는 자본가의 기계 도입이 계급투쟁의 일환이라는 점도 간과해서는 안 된다고 했습니다. "처음부터 단지 노동자들의 반역을 잠재우기 위해 자본의 무기로 만들어진, 1830년 이후의 발명품들을 모아보면 그것만으로도 하나의 완전한 역사를 쓸 수 있을 것이다."[김, 588~589; 강, 586]

노동자들의 파업이 지속되거나 빈발하면 자본가는 생산라인을 기계로 바꾸려는 유혹을 받습니다(요즘 같으면 아예 생산공장을 다른 나라로 옮기는 걸 생각하겠지요). 자본가의 머릿속에서 일차적으로 중요한 것은 비용이겠지만, 기계 도입의 문턱이 높지만 않다면 과감하게 정치적 결정을 내릴 수도 있습니다. 일종의 '구사대'(求社隊)로서 기계를 도입하는 겁니다.

구사대란 자본가가 노동자의 파업을 분쇄하기 위해 만

든 조직인데요. 1980년대 한국의 많은 기업들이 운영했습니다. 구사대의 중심은 노무관리자들(마르크스가 '하사관'이라고 부르는 사람들이지요)이지만 노동자들을 물리적으로 공격하려고 폭력배들을 일시 채용하기도 했습니다. 그래서 노동자에게 폭력을 쓰면서도 마치 노동자들 사이의 다툼인 것처럼 위장했지요. 사실은 위장이라고 할 것도 없었습니다. 너무나 명백한 자본가의 폭력이었으니까요. 그런데 그런 위장 아닌 위장을 행한 것은 경찰에게 폭력을 묵인할 구실을 제공하기 위해서였을 겁니다.

기계제 공장에 대한 유어의 찬사에는 이런 구사대적 면모가 노골적으로 표현되어 있습니다. 이를테면 그는 염색용 기계의 장점을 생산성에서만 찾지 않았습니다. 그는 이 기계가 자본가의 '정당한 지배'(legitimate rule) 즉 "하위 조직원들에 대한 우두머리의 지배"를 회복시켜준다고 말합니다.[37] 또 기계를 '질서 회복의 사명'을 받고 창조된 자본가의 '아이언맨'(Iron Man) 즉 '철인'이라고도 부르고, '히드라'를 물리친 '헤라클레스'에 비유하기도 합니다. 기계가 헤라클레스처럼 숙련노동자들, 다시 말해 노동과정을 장악하고는 온갖 패악(misrule)을 일삼는 히드라의 목을 조를 것이라고요.[38] 유어는 자본가에게 전황을 보고하는 전령이라도 되는 듯 이렇게 말합니다. "분업의 낡은 전선 뒤에 난공불락의 참호를 판 것으로 생각하고 있던 불평분자 무리는 새로운 기계 전술에 의해 측면공격을 당하고는 자신들의 방어가 무력화된 것을 깨닫고 무조건 항복할 수밖에 없었다."[39][김, 589~590; 강, 587] 기계를 무기로 쓰라면서 자본가를 노골적으로 선동하는 셈이지요.

유어의 책은 근대 공장제에 대한 고전인데요. 마르크스는 이렇게 비꼬아 말합니다. "[1835년에 간행된] 그의 저서가 오늘날에도 공장정신(Fabrikgeist)의 '고전적 표현'으로 인정받는 것은 노골적 냉소주의(공격적 언행, offenherzigen Zynismus) 때문만이 아니라, 자본의 두뇌 속 바보 같은 모순들까지 몽땅 털어놓는 순진함 때문이기도 하다."[김, 590; 강, 587~588]

정말이지 유어는 온갖 모순되는 말을 늘어놓습니다. 한편에서는 과학의 힘으로 반역의 무리인 노동자들을 제압했다고 말하면서 다른 한편으로는 기계가 자본가의 편에서 노동자들을 억압하는 데 이용된다는 비난에 분개합니다. 한편으로는 기계가 노동자들에게 얼마나 좋은지(노동의 피로를 덜어주고 일하는 중에도 여유를 부릴 수 있게 하며 노동자의 건강과 지성을 발전시킨다고) 설교하고는, 다른 한편으로는 노동자들이 반항하고 파업하기 때문에 그에 대한 응징으로 기계가 도입된 것이라고 주장합니다(노동자들의 파업이 그들 자신의 '사형집행인'을 부르는 꼴이라고요). 이뿐이 아닙니다. 한편으로는 기계가 성인 노동자의 임금은 감소시키지만 대신 아이들의 고용과 임금을 높여준다고 말합니다. 그런데 아이들의 임금이 너무 낮다는 비판이 제기되자 이번에는 임금이 너무 높으면 부모들이 자식들을 일찍부터 공장에 보낼 테니, 낮은 임금이 그

것을 막아주는 효과를 낸다고 주장합니다.[김, 590~591; 강, 587~589]

그야말로 횡설수설입니다. 그러나 이런 횡설수설 속에서도 일관된 것이 있습니다. 아니, 횡설수설이기에 더 선명하게 드러나는 일관성이 있습니다. 그것은 기계 도입을 통한 자본가의 이윤과 공장의 규율에 대한 옹호입니다. 이 의지는 아주 일관됩니다. 그 횡설수설에서 우리는 어떤 논리를 동원해서라도(설령 이것들이 서로 모순될지라도) 자본가의 이윤을 늘리고 공장의 규율도 잡겠다는 유어의 확고한 의지를 느낄 수 있습니다.

◦ 쫓겨난 노동자에 대한 보상 이론

"기계가 노동자를 축출하기만 하는 것은 아니다. 기계는 자본으로 하여금 새로운 고용을 창출할 여력을 제공한다." 19세기 정치경제학자들은 기계제 생산이 노동자에게 손해가 아님을 증명하기 위해 무던히 애썼습니다. 그렇게 해서 나온 것이 소위 '보상 이론'(Kompensationstheorie)입니다. 마르크스에 따르면 "제임스 밀, 맥컬럭, 토런스, 시니어, 존 스튜어트 밀 등 많은 부르주아 경제학자들"이 이런 주장을 폈습니다.[김, 592; 강, 589]

보상 이론의 골자는 단순합니다. 공장에 기계를 도입하면 노동자가 축출되는 것은 사실이지만 기계가 만들어낸 생산물로 자본가는 새로운 고용을 창출할 수 있다는 거죠. 이를테면 한 공장에서 100명의 노동자가 기계 없이 원료만 가지고 일하고 있다고 해봅시다.[김, 592~594; 강, 589~592] 노동자의 연봉 총액은 30억 원(1인당 3000만 원)이고, 생산수단(원료)의 연간 소모량도 30억 원이라고 해두지요. 총투자액이 60억 원인 셈입니다. 어느 날 자본가가 15억 원짜리 기계를 들여오고 그 대신 노동자 절반을 해고했습니다. 기계는 50명의 노동자만으로 이전에 100명의 노동자가 수행한 일을 해낼 수 있게 합니다. 생산량이 같습니다(실제로는 생산량이 더 늘어나겠지만 일단 이렇게 가정합니다).

이제 보상 이론 주창자들의 설명을 들어보죠. 공장에서 해고된 50명의 노동자들은 생활수단(생산물)을 얻기 위해 다시 노동력을 팔아야만 할 겁니다(이들 이론가들은 이 상황을, 기계가 노동자들을 해방해 다시 "자유롭게 노동력을 처분할 수 있는" 상황에 놓이게 했다고 표현합니다). 그런데 자본가는 기계 덕분에 50명의 노동자만으로도 이전과 동일한 양의 생산물을 갖게 되었습니다. 60억 원어치 생산물이 여전히 생산된다는 겁니다(이때 잉여가치는 무시하고 생산물 가격도 그대로라고 봅니다). 이 중 30억 원어치 생산물은 원료 값에 해당하고요, 15억 원어치 생산물은 공장에 남은 50명의 임금을 지불합니다. 이렇게 다 지불하고도 자본가에게는 15억 원어치의 생산물이 남아 있습니다. 과거 50명에게 지급해야 할 생산물이 그의 수중에 있는 거죠. 기계가 한편으로는 노동시장에 새로운 노동력을 풀어놓았고(노동력의 해방), 다른 한편으로는 이들에게 필요한 생활수단을 자본가 손에 쥐어준 겁니다(생산물의 해방). 자본가는 이 생산물을 가지고 새로운 고용을 창출할 수 있습니다.

그럴싸한가요? 사실은 순 엉터리 주장입니다. 마르크스의 말처럼 "모든 것은 표현하기 나름"이죠. "말로는 나쁜 것도 그럴듯하게 포장해놓을(순화할) 수 있"습니다.[김, 594; 강, 591] 기계가 노동자를 해방하고 노동자와 결합해 있던 생산물을 해방했다니요! 이런 황당한 표현이 어디 있습니까. '기계 도입으로 노동자들이 해고되었고, 그래서 이들 노동자들은 아무런 생활수단도 얻을 수 없게 되었다.' 이런 비극적 상황을 현학적인 말을 써서 별일 없는 듯 만들어놓은 거죠. 뭔가 새로 시작하는 자유로운 느낌까지 주면서 말입니다.

내용을 하나씩 따져보면 이 이론이 얼마나 엉터리인지가 곧 드러납니다. 이 이론가들은 생활수단으로 '풀려난' 15억 원어치 생산물을 자본으로 취급했는데요. 이것은 자본이 될 수 없습니다. 15억 원에 해당하는 자본은 기계 형태로 공장에 붙들려 있습니다. 60억 원 중 30억 원은 원료 값에 써야 하고, 15억 원은 공장에 남은 50명의 임금으로, 15억 원은 기계 값으로 투자되어 있지요. 이 기계 값 15억 원은 해고된 50명의 노동자가 기계를 구입하기 전에 받았던 임금입니다. 그러니까 가변자본(노동력)의 일부가 불변자본(기계)으로 바뀐 것뿐입니다. 게다가 지금 자본가에게 새로 들어온 자본인 것처럼 묘사한 생산물은 자본가가 팔아야만 하는 현물 상품입니다. 이 상품을 모두 팔아야 공장에 남아 있는 노동자들 임금도 주고 기계의 가치도 회수하지요. 이것은 새로운 노동력을 구입할 자본이 아닙니다.

더구나 해고된 50명의 노동자들은 이전처럼 자본가의 생산물을 구입할 여력이 없습니다. 과거에는 이들이 15억 원의 임금을 가지고 생산물을 구입했겠지요. 하지만 해고는 이들을 "구매자에서 비구매자로 전환"시킵니다.[김, 594; 강, 592] 말하자면 전체 수요가 15억 원만큼 감소합니다. 그럼 어떻게 될까요. 수요가 줄어들면 상품의 가격이 떨어질 겁니다. 이전에는 60억 원에 팔았던 생산물을 50억 원에 팔아야 하는 상황이 닥친다는 말입니다. 또한 수요의 감소는 이 공장의 생산물에 국한되는 게 아닙니다. 이 노동자들이 이 공장의 물건만으로 살아가지는 않을 테니까요.

만약 이런 사태가 이 공장만이 아니라 다른 공장, 다른 업종에서도 일어나고 또 장기화한다면 그래서 한 부문의 수요 감소가 다른 부문의 증가로 만회되지 않는다면 어떻게 될까요. 이것은 보상 이론 주창자들의 말처럼 자본가가 새로운 고용을 창출할 더 큰 자본을 손에 쥔 행복한 상황이 아닙니다. 상품의 시장가격은 곤두박질치고 자본은 이익이 생기는 다른 부문을 찾아 달아나고 실업자들이 거리로 쏟아져 나오겠지요. 이것이 "경제학적 낙관론이 희화화한 사태의 진실"입니다.[김, 594~595; 강, 592]

◦ 기계제는 '하인' 노동자를 늘린다

여기에 마르크스는 이 책상머리 학자들이 모르는 현실 몇 가지를 덧붙입니다. 이들은 자본가가 기계 덕분에 손에 쥔 자본(새로운 생산물)을 가지고 기계 탓에 쫓겨난 또 다른 노동력을 고용해 새로운 사업을 펼칠 것처럼 말했습니다만 정말로 현실을 모르는 이야기입니다.

어떤 이유로 추가 자본이 시장에 들어왔다고 해봅시다(물론 보상 이론에서 말하는 식으로 생긴 자본일 수는 없습니다). 다행인지 불행인지 노동시장에는 공장에서 해고된 새로운 노동력이 들어와 있습니다. 그럼 해고된 노동자들이 다시 일자리를 찾게 될까요. 천만의 말씀입니다. 새로운 사업에 고용될 노동력은 앞서 공장에서 해고된 그 사람들일 가능성이 거의 없습니다. 이를테면 벽지공장에서 해고된 노동자들을 자동차공장에서 데려다 쓸 수는 없지요.

이 문제는 기계제로의 전환기에 특히 심각했습니다. 매뉴팩처의 숙련노동자는 그 숙련을 인정받는 일자리를 구할 가망이 거의 없었지요. 마르크스가 지적한 것처럼 "분업 때문에 불구화된 이 불쌍한 사람들은 자신의 옛 분야를 벗어나서는 별로 가치를 인정받지 못하기 때문에 몇몇 저급한, 그래서 지원자는 넘쳐나고 임금은 형편없는 일자리로 갈 수밖에 없었"습니다.[김, 595; 강, 593] 기존 부문에서도 유실된 노동력(사직하거나 퇴직한 노동력)을 보충하거나 생산량을 늘릴 필요가 있어 일시적으로 혹은 정기적으로 노동력을 충원할 수 있습니다만, 이 경우 과거 해고자들을 다시 고용하는 경우는 드뭅니다. 젊은 신규 노동력이 계속해서 유입될 테니까요.

　"추가 자본이 들어오면 노동력에 대한 추가 수요가 생기고, 기계제로의 전환 과정에서 노동자들이 축출되면 노동력의 추가 공급이 이루어지므로 균형을 찾을 것이다." 마르크스는 세상물정 모르는 세(J. B. Say)의 이런 주장에 동조하는 이들을 강하게 비판했습니다. 얼마나 화가 났는지 주석을 달아 "세의 멍청한 주장들(Fadaisen)"이라고 불렀지요. 그는 아마도 리카도 학파일 것으로 보이는 익명의 저자를 인용했는데요. "사물은 언제나 스스로 자연적 균형 상태를 회복하는 경향이 있다고 앵무새처럼 얘기해봐야 아무 소용이 없다. 우리가 현실을 보고 인정하지 않을 수 없는 것은 사물이 오랜 기간 이런 자연적 균형 상태를 회복하지 못한다는 사실이고, 또 그런 균형 상태를 회복할 경우에도 그 균형 상태가 본래 수준보다 낮아진 경우가 많다는 것이다."[김, 596, 각주 134; 강, 593, 각주 215]

　보상 이론과는 관련이 없지만 기계제 생산으로 생겨나는 일자리가 있기는 합니다. 기계제 생산이 이루어지면 기계부품을 계속 조달해야 하고, 생산성이 증대한 만큼 원료도 이전보다 더 많이 필요할 겁니다. 그렇다면 여기에 납품하는 부문의 생산이 늘 것이고 그만큼 고용을 늘릴 겁니다. 과연 얼마나 늘릴까요. 이는 해당 부문의 '자본 구성'에 달렸습니다. 가변자본과 불변자본의 비율 말입니다. 이 부문도 이미 기계화되어 불변자본의 비율이 높으면 생산이 증대하는 만큼 고용이 증대하지는 않을 겁니다. 자동기계화가 이루어진 업종일수록 추가 고용의 여력이 없지요. 반대로 가변자본 즉 노동력의 비중이 크다면 생산 증대와 더불어 노동자 수도 크게 늘어날 겁니다.

마르크스는 1861년 통계를 인용했는데요. 영국에서 기계제 발전과 더불어 기계 제조공이 많이 늘어났습니다. 그러나 기계 제조업 자체가 금세 기계화되었지요. 그래서 고용 여력이 급속히 줄었습니다. 반면 철강업에 필요한 석탄과 금속 광물을 캐내는 광산 노동자 수는 기계제의 발전과 더불어 폭발적으로 늘어났습니다. 광산업에도 기계화가 일어나기는 했지만 상대적으로 노동력 의존도가 높았으니까요.[김, 599; 강, 596]

원료 쪽도 마찬가지입니다. 기계제 생산이 다른 부문에서 노동자들의 구성을 어떻게 바꾸는지에 대한 극적인 예는 미국의 노예와 아일랜드의 농민입니다. 19세기 면방적업이 기계제로 전환되자 원료를 공급하는 미국 남부의 면화 재배지가 크게 늘어났습니다. 당연히 대규모 노동력을 충원해야 했지요. 영국 면방적업의 기계화는 미국에서 유망한 신규 사업 분야를 창출했는데요. 바로 '노예무역업'입니다. 무역만 있었던 게 아닙니다. 미국의 일부 주에서는 '흑인 사육' 자체가 사업이 되었습니다. 그래서 1790년 미국의 노예 수는 70만 명이 채 못 되었는데, 1861년에는 거의 400만 명에 달하니다. 한 인간이 노예가 된 비극적 사태를 무역과 고용이라는 측면에서 설명하고 있는 것이 끔찍합니다만, 기계제 생산이 상품 제조의 사슬을 따라 어떻게 고용을 창출하는지에 대한 극명한 예인 것은 사실입니다(스마트폰을 생산하는 애플이나 삼성 같은 기업이 아프리카의 광산과 중국의 제조 공장에서 값싼 일자리를 창출한 것과 비슷하지요). 이와는 반대로 양모 산업이 기계화되자 아일랜드에서는 농경지를 목초지로 바꿔 많은 농민들이 일자리를 잃었습니다. 이들은 도시로, 잉글랜드로 몰려들었고 노동시장을 과잉 상태로 만들었지요.[김, 600; 강, 597]

기계제 생산은 납품하는 곳만이 아니라 납품을 받는 곳에서도 일시적이나마 고용을 늘릴 수 있습니다. 기계는 생산물의 가격을 낮추기 때문에, 이를테면 기계제 방적공장으로부터 실을 납품받는 방직업자에게는 생산을 늘릴 수 있는 환경이 조성됩니다. 실제로 마르크스에 따르면 일시적으로 수직기를 이용하는 방직업자들이 방직공을 더 뽑았습니다. 의복 재료가 값싸게 납품되자 재봉업에서도 재봉공들을 더 뽑았고요. 하지만 여기에도 역직기가 도입되고 기계식 재봉기가 나타나자 노동자들이 대거 쫓겨났지요.[김, 600; 강, 597~598]

요컨대 기계제 생산은 해당 부문에서는 노동자들을 곧바로 축출합니다. 그 대신 그 부문과 연관된 부문, 이를테면 거기에 납품을 하거나 납품을 받는 부문의 고용을 늘립니다. 그곳이 기계화가 덜 된 부문일수록 고용은 크게 늘어납니다. 그러나 그런 부문에서도 기계화가 일어나면 신규 고용 여력은 급속히 줄어듭니다. 오히려 노동자 축출이 나타나지요.

사회 전체로 확대해서 봐야 보이는 것도 있습니다. 기계제 생산은 자본가들의 잉여가치(상대적 잉여가치, 특별 잉여가치)를 크게 늘려주는데요. 잉여가치가 늘어난다는 것은 이 잉여가치에 상응하는 부유한 계층이 늘어난다는 뜻이기도 합니다. 그렇게 되면 이들의 욕망을 충족하기 위한 새로운 상품시장이 열리지요.[김, 601; 강, 598] 가난한 사람들도 늘어나지만 부자들도 늘어납니다. 마치 지난 수십 년간 중국 경제가 급성장하면서, 인구 비율로는 적지만 절대 숫자에서는 크게 늘어난 부유층을 겨냥한 상품시장이 열리는 것과 같습니다. 이와 관련된 업종, 즉 사치품 생산업이나 해외상품 수입업이 발전하고 그 부문의 고용이 증대합니다.

또한 거대 규모로 축적된 자본은 당장에 수익이 나지는 않지만 미래 수익을 위해 필요한 투자를 가능하게 합니다. 소위 인프라 산업에 투자하는 거죠. 마르크스 당시에는 운하나 터널, 철도, 다리 등의 건설이 여기에 해당했습니다. 이런 분야에는 고급기술을 가진 인력도 많이 필요합니다만, 압도적 수를 차지한 것은 단순 육체노동자였습니다.[김, 602; 강, 599] 오늘날에도 실업률이 너무 높을 때 정부가 재정을 투자해 이쪽 분야의 일자리를 만들지요. 큰 기술을 필요로 하는 일자리가 아니므로 쉽게 만들 수 있습니다. 그러나 한철 쓰고 마는 일자리들이지요.

기계제 생산의 확대 및 고용과 연관해 마르크스가 마지막으로 주목하는 경향은 서비스직 확대입니다. "노동자계급 가운데 비생산적 부문에 종사하는 노동자들의 비중이 갈수록 증가"한다는 것이지요.[김, 602; 강, 599] 기계제 대공업 분야는 생산력이 너무 높기 때문에 거기서는 새로운 고용이 창출되기 어렵고 점차 비생산적 부문에 종사하는 노동자들이 많아진다는 겁니다. 여기서 '비생산적'(unproduktiv)이라는 말의 의미는, 우리 시리즈의 다음 책인 9권에서 다시 한번 따져보겠습니다만, 간단히 말해두자면 '잉여가치의 생산'에 관여하는 노동자들이 줄어들고, 이미 생산된 '잉여가치의 소비'에 관여하는, 그 소비과정을 도우며 거기서 임금을 받는 서비스직 노동자들이 늘어난다는 것입니다.

　　그런데 마르크스가 직접적으로 다루는 대상은 일반 서비스직 노동자가 아니라 개인의 집에 고용된 노동자(하인, 하녀, 심부름꾼 등)입니다. 과거에는 '가내노예'(Haussklaven)라고 불렸던 사람들인데요. 통계가 자못 충격적입니다. 1861년 인구통계에 따르면 영국과 웨일스의 총인구는 2000만 명 남짓입니다. 이 중에서 노동을 할 수 없는 연로자와 연소자 그리고 생산노동을 수행하지 않는 '이데올로기적' 신분인 관리, 목사, 법률가, 군인 그리고 금리생활자나 지대생활자 같은 사람들, 부랑자와 범죄자, 피구휼민 등을 제외하면, 노동가능인구는 800만 명 정도인데요. 이 중에서 '하인 부류'(dienende Klass)에 해당하는 사람이 무려 120만 명에 이릅니다(마르크스에 따르면 개인 집에 고용되지 않은 하인들은 제외한 숫자입니다). 이 숫자는 섬유업과 광산업 노동자를 합친 것 혹은 섬유업과 금속 산업 노동자를 합친 것보다 많습니다. 이를 지적하며 마르크스는 조롱조로 한마디 던집니다. "두 경우 모두 현대의 가내 노예 수보다는 적다. 기계의 자본주의적 사용이 낳은 성과가 얼마나 훌륭한가!"[김, 603; 강, 600]

산업의 기계화가 노동자의 하인화를 초래한 셈입니다. 오늘날 우리는 '하인'이라는 말을 쓰지 않으니 실감이 나지 않습니다. 마르크스가 '가내노예'라고 말한 노동자들은 오늘날로 치면 '가사노동자'에 가까울 것 같은데요. 국제노동기구(ILO)의 공식 통계(2010년 기준)에 따르면 전 세계 가사노동자 숫자는 약 5000만 명, 공식 통계에 잡히지 않는 수를 고려하면 약 1억 명이라고 하는군요. 한국의 경우에도 공식 통계는 없지만 2011년 추정치에 따르면 30만 명 정도라고 하고요.[40]

하지만 마르크스가 '비생산적' 노동이라고 부른 영역으로 좀 더 확대해서 보면 그 수는 엄청나게 커집니다. 잉여가치의 생산이 아니라 생산된 잉여가치의 소비 영역에 고용된 사람들의 숫자 말입니다. 한국고용정보원의 통계(2019년)에 따르면 전체 취업자 2700만 명 중 제조업 노동자 수는 채 450만 명이 되지 않습니다.[41] 농업, 임업, 어업 종사자가 150만 명 정도 되고요. 건설업이 200만 명 정도 됩니다. 소위 1차 산업과 2차 산업 노동자를 합쳐도 그렇게 큰 비중이 아닙니다. 상당히 많은 노동자들이 넓은 의미의 서비스 산업에 종사하고 있지요. 도소매, 음식, 숙박, 금융, 교육, 여가 등의 산업 말입니다. 그리고 이 부문 노동자들은, 물론 전문적 고급노동에 종사하는 사람도 있지만 그 상당수는 허드렛일을 합니다.

원래 '서비스업'(service)이란 말 그대로 '하인'(servant)이 하던 일입니다. 독일어로도 '서비스업'을 '디인스트라이스퉁'(Dienstleistung)이라고 하는데요. 역시 '디인스트'(Dienst) 즉 하인의 일이라는 뜻입니다. 노동자가 '하인'이라는 뜻이 아니라, 노동자가 하는 일의 성격이 그렇다는 말입니다. 신분상으로는 하인이 아닌데 고객에게 감정노동까지 제공해야 하는 서비스직 노동자를 보면 하인이라는 말이 그렇게 틀린 건 아니라는 생각도 듭니다. 왜 기계화와 더불어 이런 일이 생긴 걸까요. 기계는 왜 많은 사람들을 주인이 아니라 하인으로 만드는 걸까요. 왜 기계제 공장은 주인 자리가 아니라 하인 자리를 늘리는 걸까요.

◦ 과연 기계는 더 많은 고용을 창출할까?

기계 도입이 과연 노동자를 축출하는가에 대한 반론이 있습니다. 전환기에는 그럴 수 있지만 '공포의 시기'를 지나고 나면 오히려 고용을 증대시킨다는 거죠. 마르크스는 이를 기계의 자본주의적 사용이 가져온 파괴적 결과를 합리화하려는 자들이 마지막에 꺼내놓는 "회심의 카드"(große Trumpf)라고 부르는데요. 물론 더 많은 일자리가 창출되어 더 많은 사람이 노동하는 세상이 좋은지는 별도의 문제입니다. 이는 기계로 인해 노동에 시달리는 사람들[마르크스의 표현으로는 "노동노예들"(Arbeitssklaven)]이 더 늘어난다는 말이니, 기계가 인류의 노고를 줄여줄 것처럼 말한 사람들로서는 좀 뻘쭘하겠지만요.[김, 604; 강, 601]

과연 고통의 "과도기"(Übergangszeit)만 지나면 기계는 더 많은 고용을 창출할까요. 마르크스가 빈정대듯 말한 것처럼 "[기계를] 처음 도입했을 때보다 훨씬 더 많은 수의 노동자들을 혹사시키는(abplacken)" 상황이 찾아올까요.[김, 604; 강, 601] 통계적으로 보면 기계의 확산과 더불어 고용 노동자 수가 "외견상" 증대하는 경우들이 있기는 합니다. 마르크스에 따르면 1838~1858년 사이 영국에서는 역직기가 증가했음에도 면직업에 종사하는 노동자 수가 늘어났습니다. 그런데 마르크스가 '외견상' 증대했다고 말한 데는 이유가 있습니다. 이것은 전체 산업에서 면직업의 비중이 커졌기 때문이거든요. 주변의 생산부문을 합병해버린 것이지요. 면직과 달리 융단, 리본, 아마 등의 영역에서는 증기직기가 들어오면서 노동자들이 대거 축출되었습니다. 모두가 노동집약적 업종이었지요. 요컨대 기계는 일반적으로 공장에서 노동자를 축출했으나 면직업의 경우에는 산업 자체가 커지면서 고용이 늘게 되었다는 겁니다.[김, 606; 강, 603]

사실 이런 경우가 아니어도 기계제 발전과 더불어 공장 노동자 수가 증가할 수는 있습니다. 마르크스가 이를 부인하는 것은 아닙니다. 산업이 성장하면 공장의 규모가 커지거나 공장의 수가 증가하고 이에 따라 고용 노동자 수가 늘어날 수 있지요. 특히 자본 투자 규모가 커지면 그럴 수 있습니다.

이를테면 기계를 도입하지 않는 어떤 공장에서 연간 불변자본(원료)에 200억 원, 가변자본(노동력)에 300억 원을 투자한다고 해봅시다. 계산의 편의상 노동자 임금을 한 사람당 1억 원으로 하고 총 300명이 고용된 것으로 하겠습니다. 그런데 200억 원짜리 기계를 도입하면서 노동자 200명을 해고했습니다. 그럼 자본의 구성, 즉 불변자본과 가변자본의 비율이 바뀌겠지요. 이전에는 불변자본과 가변자본의 비율이 2:3이었습니다. 하지만 이제는 4:1이지요. 그런데 기계 도입으로 자본의 구성이 바뀐 상태에서 투자액이 세 배인 1500억 원으로 커졌다고 해볼까요. 그럼 자본의 구성이 4:1인 상황에서도 가변자본이 300억 원이 됩니다. 다시 노동자를 과거만큼 고용할 수 있게 되는 것이지요. 만약 투자액이 2000억 원이 되면 가변자본은 400억 원이 되므로 100명이 추가로 고용될 수도 있습니다.[김, 606~607; 강, 603~604]

이처럼 산업 규모가 커지고 투자된 자본 규모가 커지면 기계의 도입에도 불구하고 일자리가 늘어날 수 있습니다. 그러나 이것은 기계 도입 때문에 늘어났다기보다 기계 도입에도 '불구하고' 늘어났다고 말하는 편이 옳습니다. 투자액 대비 일자리는 더 줄어든 거니까요. 과거에는 500억 원을 투자해 300명을 고용했는데, 이제는 1500억 원을 투자해야 300명을 고용할 수 있습니다.

게다가 이것은 기계가 도입된 뒤 자본의 구성이 바뀌지 않는다는 전제에서 한 이야기입니다. 그러나 기계제가 발전하면 기계설비에 들어가는 비용이 훨씬 커집니다[이는 자본의 '유기적 구성'(organische Zusammensetzung)의 증대라고 하는데요. 우리 시리즈 11권에서 살펴볼 겁니다]. 즉 불변자본의 비중이 가변자본에 비할 바 없이 커지죠.[김, 607; 강, 604] 이는 자본의 소위 '고용 유발 효과'가 떨어진다는 이야기입니다. 동일한 양의 일자리를 창출하기 위해 이전보다 더 큰 규모의 자본이 투자되어야 하는 것이지요. 여기에 자동화까지 진척되면 투자 규모가 크게 늘어도 고용이 늘어날 여지는 별로 없습니다(최소한 제조업 쪽에서는 말입니다).

◦ 식민지를 찾아서

기계시스템을 갖추려면 비용이 많이 든다고 했지요. 일정 규모의 축적된 자본이 있어야 합니다. 그렇지만 일단 자리를 잡으면 이번에는 기계시스템 덕분에 자본의 축적 규모가 비약적으로 커집니다. 수공업이나 매뉴팩처 단계에 있는 동종 업자들은 해당 자본가의 상대가 되지 않을 테니, 그에게는 생산성이 아주 높은 경우 생겨나는 특별 잉여가치도 있겠지만 무엇보다도 동종 업자들의 몰락으로 얻은 이익이 크겠지요. 사실상 시장을 독차지할 겁니다. 기계제 초기에는 이처럼 '예외적으로 큰 이윤'(außerordentlichen Profite)이 생겨났습니다.

게다가 이윤이 생겨나는 곳에는 돈이 더 몰리는 법이지

요. "새로운 투자처를 구하는 사회적 추가 자본 대부분이 이유리한 생산의 영역으로" 몰려올 겁니다. 초기에는 기계제로 전환되는 산업부문마다 이런 일이 일어납니다. 일종의 변혁이 일어나는 때죠. 마르크스는 이 시기를 "최초의 질풍노도 (Sturm und Drang) 시기"라고 부릅니다.[김, 608; 강, 605]

하지만 기계제 공장이 산업부문 전반에 자리를 잡으면 이런 효과들은 사라집니다. 기계제 생산이 '일정한 성숙단계'에 이르면 다른 요인들이 중요해지죠. 여기서 '일정한 성숙단계'라고 말한 것은 기계제의 하부구조가 모두 갖춰지고(철강과 금속의 가공 기술이 발전해 '기계에 의한 기계의 생산'이 가능해져야 하지요), 물품을 조달하고 운송하는 데 필요한 통신과 교통망도 어느 정도 갖춰진 상황을 가리킵니다. 이때부터는 기계화 자체가 문제가 아닙니다. 생산에 필요한 원료를 어떻게 구하고 방대한 생산물을 어디에 어떻게 팔 것인가가 중요한 문제로 부각되지요. 생산물을 늘리는 능력은 충분합니다. 문제는 원료와 판매시장이지요.[김, 608; 강, 605]

나는 다시금 마르크스의 『자본』에 감탄합니다. 『자본』의 서술 순서를 그대로 따라가다 보면 중간중간 자본주의사회의 현상이 하나씩 해명됩니다. 우리는 절대적 잉여가치의 생산에서 상대적 잉여가치의 생산으로 넘어왔고, 상대적 잉여가치의 생산과 관련해 매뉴팩처에서 기계제로 넘어왔습니다. 여기서 19세기의 중요한 사회적 현상 하나가 해명되었지요. '과잉 노동인구' 말입니다. 왜 이렇게 취직하기가 힘든가. 사람들은 왜 이렇게 많은가. 노동인구가 너무 많아 당시 북미나 호주 등으로 대규모 이민을 가야 할 정도였어요. 마르크스가 인용한 1863년의 「공장감독관 보고서」에 따르면 "최근 25년간 적어도 600만 명이 이 나라를 떠났다"라고 하니 그 규모가 대단하지요.[김, 618, 각주 165; 강, 615; 각주 245] 『인구론』의 저자 맬서스의 말처럼 너무 많은 아이들이 태어났기 때문인가. 마르크스는 기계가 노동가능인구를 확대하는 동시에 생산에 필요한 노동자 수는 감소시킨다는 것을 보여주었습니다. 사람이 많아 '보이는' 것은 사람이 낳은 인구 때문이 아니라 기계가 낳은 인구 때문입니다.

그런데 여기서 마르크스는 19세기의 또 다른 중요한 현상을 해명하고 있습니다. '식민주의' 말입니다. 왜 그렇게 자본주의 국가들은 아메리카, 아프리카, 아시아를 침략했는가. 유럽인들의 심성 때문인가. 종교와 문명의 전파에 대한 사명을 자각했기 때문인가. 천만에요. 마르크스는 자본주의적 생산, 특히 기계제 대공장에 기초한 생산형태 안에 식민주의에 대한 요구가 들어 있음을 보여줍니다. 식민주의는 인간본성에 기인한 것도 아니고 신대륙 발견이라는 우연한 사건의 결과물도 아닙니다. 자본주의가 식민주의를 품고 있습니다(지금은 기계제 생산에 한정해서 하는 말이지만, 나는 개인적으로 자본이 자연과 맺는 관계에서도, 또 노동자와 맺는 관계에서도 식민주의가 작동하는 것은 아닌가 생각합니다. 반대로 말하면 식민주의란 자본이 자연과 노동자에 대해 맺는 관계가 다른 지역, 다른 민족을 대상으로 나타난 것이 아닌가 하고 생각합니다).

기계제 생산이 일반화되면 자본은 원료를 값싸게 대량으로 얻을 곳을 찾아 나섭니다. 식민화할 나라를 찾아나서는 거죠. 기계제의 발전과정에서 함께 발달한 통신과 교통 그리고 기계무기 등이 식민지 건설에 중요한 역할을 수행합니다. 그런데 식민지는 원료 공급처로서만 중요한 게 아닙니다. 새로운 시장으로서도 중요합니다. 기계제 대공업의 생산물을 파는 거죠. 이를 위해 식민지에 통신과 교통 시설을 구축합니다. 식민지의 전통적 생산기반은 붕괴됩니다. 현지의 수공업적 생산은 유럽의 기계제 생산을 당해낼 수 없습니다.[김, 609; 강, 605]

앞서 나는 월러스틴을 인용하면서 영국에서 본격적인 기계제 생산이 모직업이 아닌 면직업에서 시작된 이유가 인도를 겨냥했기 때문이라고 했습니다. 그리고 영국의 면직업 기계들이 인도의 숙련공들을 모두 몰락시켰다고 했지요. 인도를 식민화하면서 원료를 값싸게 들여왔고, 다시 기계제 공장에서 생산된 면직물을 인도에 팔아 인도의 산업을 붕괴시키고 엄청난 수익을 올렸다고 했습니다.

기계제 생산은 이런 식으로 지구적 차원의 변동을 야기합니다. 이를테면 영국의 기계제 생산은 인도의 산업구조를 변동시킵니다. 면직물 생산기반이 무너진 인도는 영국의 면직물을 사서 씁니다. 그러고는 영국 자본가들이 필요로 하는 원료 생산에 치중하겠지요. 인도의 전체 산업구조가 1차 산업

143

중심으로 발전하는 겁니다. 인도만이 아니라 당시 호주도 그랬습니다. 호주는 영국 모직업을 위한 양모 생산지가 되었지요. 영국에 면화를 공급하던 미국도 마찬가지입니다{마르크스는 산업구조로 볼 때 적어도 "현재(1866년) 미국은 아직 유럽의 식민지로 보아야 한다"라고 쓰고 있습니다.[김, 609, 각주 154; 강, 606, 각주 234] 물론 인도의 경우를 유럽인들이 원주민들을 몰아내고 그 땅을 양모나 면화 생산지로 만든 호주나 미국의 경우와 동일시할 수는 없을 겁니다}.

마르크스는 기계제 생산과 더불어 "국제분업"(internationale Teilung) 구조가 만들어진다는 점을 지적하고 있습니다. "기계제 생산의 본거지를 중심으로 새로운 국제분업이 생겨나고, 이 국제분업은 지구의 한 부분을, 공업 생산 위주 지역을 위한 농업 생산 위주 지역으로 바꾸어버린다."[김, 609; 강, 606] 생산의 지역적·지구적 재편이 일어나는 것인데요. 물론 오늘날에는 이런 국제분업 구조가 훨씬 복잡합니다. 단순히 1차 산업과 2차 산업 간 분업으로 나뉘지 않습니다. 노동집약적 업종(소위 경공업)은 노동력이 저렴한 개발도상국 차지가되고, 선진자본주의 국가에는 잉여가치가 많이 남는 업종(중공업, 첨단산업)이 자리를 잡습니다. 최근에는 동일한 제품조차 국제분업으로 생산됩니다. 이를테면 세계 유명 브랜드 의복은 대부분 디자인은 선진자본주의 국가에서, 제조는 저렴한 노동력을 가진 중국이나 동남아시아 국가에서 이루어집니다. 이 분업은 매우 위계적으로 조직되어 있습니다. 디자인이 제조보다 훨씬 고부가가치 노동으로 평가되지요. 옷을 한 벌 팔거나 스마트폰을 한 대 팔면 거기서 생겨난 이윤의 상당 부분은 선진국 기업들로 이전되게 되어 있습니다.

다시 19세기로 돌아가보죠. 영국의 식민지 인도는 영국 자본의 원료 공급지가 되었고 상품판매시장이 되었습니다. 앞서 인용했던 동인도 총독의 말처럼 인도 면직공들의 뼈가 인도의 들판을 하얗게 뒤덮었고, (지난 책에서 말한 것처럼) 세상에 별다른 해를 끼쳐본 적 없는 근면한 사람들이 "고통의 바다"에 던져졌지요(『거인으로 일하고 난쟁이로 지불받다』, 200쪽). 기계제 생산이 본격화되면서 영국은 중국까지 침략했습니다. 시장을 더 확대하기 위해서였지요. 마르크스는 이것이 "인간종족(Menschenrace)의 파괴"를 통해 이루어졌다고 했습니다.[김, 618; 강, 614] '아편전쟁'을 염두에 두고 한 말입니다. "제국의 생혈인 은화"를 빼내려고 "아편이라는 최면제를 중국에 강요한 영국의 대포".[42] 그는 여기서 자본주의의 민낯을 본 것 같습니다. 돈을 벌기 위해 아편을 내밀고 대포를 쏘는 것 말입니다.

사실 아편은 가난한 영국 아이들의 주요 사망 원인으로 언급된 것이기도 합니다. 면직공들의 뼈가 들판을 뒤덮은 인도에서 재배된 아편이 영국의 노동자 아이들과 중국인들을 파괴하는 데 쓰였다는 것, 그리고 그 속에서 영국 자본가들이 돈을 벌었다는 것. 마르크스가 이런 사실들을 그냥 언급한 것은 아닐 겁니다. 나는 마르크스의 정치경제학 비판을 '죽음의 정치경제학에 대한 비판'으로 읽을 수 있다고 했습니다(『생명을 짜 넣는 노동』, 저자의 말). 자본의 정체가 죽은 노동이고, 살아 있는 것을 죽은 것으로 바꾸어가면서 자신을 증식시키니까요. 자본의 증식에 대한 비판은 죽음의 증식에 대한 비판이라고 할 수 있을 겁니다. 이 점에서 '아편'은 아주 상징적인 상품입니다. 사람들을 환각 속에 살게 하면서 병들게 하고 끝내 죽게 만들지요. 마르크스는 이게 바로 자본주의라고 말하고 싶었던 것 아닐까요.

° 번영은 드물고 공황은 빈번하다

기계제 생산이 이루어지고 원료 공급과 상품판매가 세계적 차원에서 이루어지면 생산의 규모가 어마어마하게 커지죠. 기계 덕분에 사실상 생산능력에 한계가 없어진 데다 시장의 규모까지 세계 차원으로 확대되었으니, 말 그대로 생산의 족쇄가 모두 풀린 셈입니다. 그런데 우리는 개인이 어찌할 수 없는 시장의 사회성에 대해 살펴본 바 있습니다. 세상에는 동업자가 너무 많고, "함께 잡히면 함께 죽는다"라고 했었죠. 상품유통의 사슬이 어떻게 연결되어 있는지, 세상에 동업자가 얼마나 많은지, 현재의 생산량은 소비될 수 있는 수준인지 알 수가 없습니다. 자본주의는 기본적으로 각자도생하는 체제이지만 운명은 함께 맞게 되어 있습니다(『화폐라는 짐승』, 118~121쪽).

시장이 세계적 수준으로 확대되면 이런 불확실성이 한층

커집니다. 시장 상황이 통제할 수도 없고 미리 알 수도 없는 상황으로 더욱더 빠져 들어가는 거죠. 생산의 규모가 거대해진 만큼 불확실성도 커집니다. 마르크스는 이런 상황을 두고 "열병 같다"(fieberhafte)라고 했습니다. 처음에는 "시장을 과잉으로(상품이 넘쳐나게, Überfüllung) 만들었다가 다음에는 시장의 수축과 더불어 마비상태(Lähmung)에 빠져들"게 한다고요. [김, 611; 강, 607~608] 밀물과 썰물처럼 경기가 급속히 과열되었다가도 어느새 침체됩니다.[김, 612; 강, 609] 조금 더 세분하자면 '활황-호황-과잉생산-공황-침체'가 연속적으로 이어지지요. 처음에는 경기가 좋아서 생산도 늘고 이윤도 늘어납니다. 그럼 투자가 늘고 생산 규모가 확대되지요. 그러다가 어느 시점부터 과잉생산으로 접어듭니다. 그러고 나면 공황이 찾아오고, 다시 경기가 얼어붙습니다.[김, 611; 강, 608]

　　이런 순환에 따라 노동자들의 처지도 변합니다. 잘나갈 때는 잘나가서 힘들고 못 나갈 때는 못 나가서 힘든 게 자본주의에서 노동자의 삶이긴 합니다만(대목일 때도 과로, 불황일 때도 과로지요. 불황일 때는 고용불안까지 더해지고요), 그래도 호황일 때가 조금은 나을 겁니다. 호황기를 지나면 자본가들 사이의 경쟁이 아주 치열해지는데요. 더는 늘지 않는 혹은 더욱 줄어든 파이를 차지하려고 필사적이 되는 거죠. 그런데 이 필사적 경쟁이 노동자의 희생을 요구합니다. 이른바 '상품의 경쟁력'을 말할 때 그중 가장 큰 부분이 가격일 텐데요. 자본가는 가격을 낮출 온갖 방도를 찾습니다(작업방식도 바꾸고 기계도 개량하고요). 그러다 보면 "임금을 노동력 가치 이하로 낮춤으로써 상품가격을 낮추려는 노력이 행해지는 때가 반드시 옵"니다. 그러고도 안 되면 노동자들을 내보냅니다. 신규 채용도 멈추고요. 다시 물 들어올 때까지 기다리는 거죠. 이런 식으로 산업의 순환을 따라 노동자들 역시 밀물과 썰물처럼 밀려왔다가 내쳐지는 일을 반복합니다.[김, 611; 강, 608~609]

　실제 사례를 보여주기 위해 마르크스는 기계제 대공업이 시작된 이래 영국 면직업의 역사를 간략히 정리했는데요. 한쪽 남짓 분량을 연도와 사건으로만 채웠습니다. 그것도 표가 아니라 텍스트로 적었지요. 연도에 따라 일어난 사건을 텍스트로 풀어놓으니 마치 무슨 기록 필름을 보는 것 같습니다. 성장과 추락, 밀물과 썰물이 반복되는 영국 면직업의 일대기가 눈앞에 펼쳐지죠. 이런 식입니다.

　"1770년부터 1815년까지 면직업이 불황 또는 침체 상태에 있었던 것은 5년이다. 첫 번째 시기에 해당하는 이 45년 동안 영국의 공장주들은 기계와 세계시장을 독점하고 있었다. 그런 다음 1815~1821년 불황. 1822~1823년 호황. 1824년 단결금지법 폐지와 공장들의 전반적인 대규모 확대. 1825년 공황, 1826년 면직업 노동자들의 심각한 궁핍과 폭동, 1827년 약간의 회복, 1828년 증기직기와 수출의 대폭적 증가. 1829년 유례없는 수출의 폭발, 특히 인도로의 수출이 괄목할 만했음. 1830년 시장의 범람과 큰 곤경. 1831~1833년 불황 지속, 동아시아(인도·중국)와의 무역이 동인도회사의 독점에서 벗어남. 1834년 공장과 기계의 대폭적 증가, 인력의 부족, …"(이 기나긴 사건 목록은 "1862~1863년 영국 면직업의 붕괴"로 끝납니다).[김, 613~614; 강, 609~610]

　그런데 이 내용을 눈여겨보면 중요한 사실 하나를 발견할 수 있습니다. 호황과 불황이 단순하게 반복되는 게 아니라는 점입니다. 호황은 점차 드물어지고 시기도 짧아지는 반면 불황과 침체는 더욱 빈번하며 기간 또한 길어집니다. 마르크스가 영국 면직업의 "첫 번째 시기"라고 부른 45년(1770~1815)간은 공황과 침체 상태가 5년에 불과했는데요. "두 번째 시기"라고 부르는 다음 48년(1815~1863) 동안에는 불황과 침체가 28년으로 늘어난 반면 회복과 호황의 시기는 20년으로 줄어들었습니다.[김, 618; 강, 614] 짧게 보면 산업의 반복적 순환이 생명의 순환처럼 보입니다만 길게 보면 죽음을 향해 가고 있는 거죠. 반복 행위 속에서 파국(대공황이든 대전쟁이든)이 다가오고 있는 것이지요. 자본의 운동 속에 언젠가 프로이트가 말한 것 같은 죽음 충동이 자리하고 있는 걸까요.[43]

5

'보이지 않는 실'

———

기계제 시대의 착취

'눈에 보이지 않는 실'을
볼 수 있어야 합니다. 이 실을 잡고,
대공장에서 시작해
레이스를 다는 '여주인의 집'이나
밀짚모자 등을 만드는 '밀짚세공학교'까지
갈 수 있어야 합니다.
왜 '여주인의 집'이나 '밀짚세공학교'에서는
폐병 환자가 속출하고 어린아이까지 혹사당하는가.
기계제 대공장에서 나온 착취의 실이
벽촌의 가내공장을
팽팽하게 당기고 있기 때문입니다.
아이들에게 긴 회초리를 휘두르는
그 여주인의 팔을 들어올리는
'보이지 않는 실'을 보아야 합니다.

헤르만 헤이젠브로크(1871~1948), 〈석탄 운반부〉.
광산노동의 끔찍한 실태가 고발되면서 1842년부터 여성 노동자의 지하노동이
금지되었다. 이제 여성들은 주로 지상에서 석탄 등을 쌓고 탄차를 끌고 석탄을 선별하는
작업에 고용되었다. 땅위에서 하는 노동이라 해도 여성들에게 그 일은 힘들 뿐 아니라
불결하고, 그로 인해 가정을 돌볼 수도 없다는 주장이 나왔다.
하지만 광산 소유자이자 의회 의원인 부르주아 심문관은 도리어 이렇게 되묻는다.
"그대들은 여성들의 생계 원천을 빼앗으려는 것인가?"

지금까지 우리가 본 것은 기계제 대공업 공장에서 일어난 일입니다. 하지만 기계제 대공업이 자본주의적 생산의 기본형태로 자리를 잡으면, 기계제로 전환하지 않은 작업장에도 큰 영향을 끼칩니다. 수공업, 매뉴팩처, 가내공업 등도 하나의 요구에 직면하는 거죠. 변화된 생산유기체에서 불필요한 기관으로 몰락하거나 새로운 기관으로 거듭나거나.

○ 몰락하거나 거듭나거나

기계제 공장과 매뉴팩처 작업장의 생산력은 비교가 되지 않습니다. 업종이 동일하다면 매뉴팩처 작업장은 기계제 공장을 당해낼 수 없습니다. 애덤 스미스의 눈을 휘둥그레지게 만든 제침 매뉴팩처의 경우 10명의 노동자가 하루 동안 4만 8000개의 바늘을 만들었습니다. 독립수공업자라면 하루에 20개나 만들었을까 싶은데 4만 8000개라니 정말로 분업의 위력에 놀랐을 만합니다. 하지만 마르크스에 따르면 19세기 제침공장의 기계 한 대가 11시간 동안 만들어낸 바늘 개수는 무려 14만 5000개입니다. 그런데 이런 기계 네 대를 1명의 여성 노동자가 관리합니다. 매뉴팩처에서는 노동자 10명이 4만 8000개를 만들었는데, 공장에서는 노동자 1명이 기계를 사용해 하루에 60만 개를 만들어낸다는 말입니다.[김, 619~620; 강, 615~616]

도저히 경쟁이 안 됩니다. 기계제 공장이 들어서면 매뉴팩처는 바로 문을 닫을 수밖에 없습니다. 조금 버틴 곳들도 있는데요. 그냥 버틴 것은 아니고, 작업공정에 기계를 부분적으로 도입했습니다. 마르크스는 영국 도시 코번트리(Coventry)의 '오두막공장들'(Cottage-Fabriken)을 예로 들었는데요. 오두막공장들 사이 중앙에 증기기관을 하나 두고 각 공장의 작업장들이 직기를 연결해 견직물을 생산했습니다. 매뉴팩처 작업장과 기계제 공장의 중간형태라고 할 수 있지요. 그러나 이 오두막공장들도 10년 남짓을 버텼을 뿐입니다. "결과는 오두막공장 300개의 전멸"이었지요.[김, 620; 강, 617] 이것이 기계제로 전환되던 때 대부분의 업종에서 일어난 일일 겁니다.

그러나 기계제 대공업이 지배적 생산형태가 되었다고 해서 매뉴팩처와 가내공업이 모두 사라지는 것은 아닙니다. 21세기인 지금도 영세한 수준이기는 하지만 수공업이나 매뉴팩처 방식을 기본으로 하는 작업장들이 존재하니까요. 내가 사는 동네에도 남대문시장이나 동대문시장에 납품하는 재봉업체들이 상당히 많습니다. 가정집 규모의 작업장들이지요. 작은 기계 몇 대를 들여놓고 일하는, 매뉴팩처에 가까운 이런 작업장들은 도대체 어떻게 살아남은 걸까요.

『자본』을 읽어가면서 자주 하는 말입니다만 대강의 겉모습만 보고 판단해서는 안 됩니다. 우리 시리즈 4권에서 16세기 생산양식의 변동을 설명하며 신체구조가 바뀌면 기관들의 기능과 의미가 달라진다는 말을 했는데요(『성부와 성자』, 28~29쪽). 지배적 생산형태가 매뉴팩처에서 기계제로 바뀔 때도 비슷한 말을 할 수 있을 겁니다. 겉보기에는 매뉴팩처 작업장과 비슷해 보인다고 해도 기계제가 지배적 생산형태인 사회에서는 그 작업장의 기능과 의미가 완전히 달라집니다.

마르크스는 매뉴팩처의 부분 공정에 기계가 일부 들어오면서 단단한 결정과도 같았던 매뉴팩처의 편제(Gliederung)가 점차 해체된다고 말합니다.[김, 621~622; 강, 617] 전체 작업의 리듬이 인간적 분업에 기초했을 때와는 다르다는 거죠. 매뉴팩처 시대에도 복잡한 기계를 쓰는 경우가 있었습니다. 하지만 이런 기계들은 기본적으로 숙련노동자의 도구였습니다. 숙련노동자가 사용하는 조금 복잡한 도구였을 뿐이지요. 그러므로 공정이 해당 노동자의 작업 리듬에 맞추어져 있었습니다. 그러나 기계제 이후 작업장에 들어오는 기계들은 부분적으로 도입된 경우에도 노동자의 작업 원리에 근거하지 않습니다. 그보다는 기계공학이나 화학적 원리에 근거하지요. 그래서 해당 부분 공정에서는 노동자가 기계에 자신의 작업을 맞추어야 합니다.

또한 우리가 지난 책에서 '거인 노동자'라고 부른 전체노동자 내지 결합노동자의 구성이 크게 달라집니다. 매뉴팩처 시대에 '전체노동자'의 기본 골격을 구성한 것은 성인 남성 위주의 숙련노동자였습니다. 그런데 기계제 이후 이런 영세 작업장에서 일하고 있는 사람은 주로 여성과 아동, 미숙련노동자입니다(오늘날에는 여기에 이주노동자를 더할 수 있겠지요). 작업장 크기가 얼마나 크든, 기계를 사용하든 그렇지 않든 상관이 없습니다.[김, 622; 강, 618]

겉보기로는 매뉴팩처 시대의 작업장과 비슷한데, 왜 노동자들의 구성이 바뀐 걸까요. 사실은 다른 것이기 때문입니다. "근대적 가내공업은… 낡은 양식의 가내공업과는 그 이름 외에는 아무런 공통점이 없다." 똑같은 가내공업이어도 배치가 달라지면 전혀 다른 것이 됩니다. 언젠가 말했듯 이것은 도마나 당근과 함께 놓인 칼은 요리 도구이지만 지갑이나 복면과 함께 놓인 칼은 흉기인 것과 같지요. '과거의 가내공업'에 대해 마르크스는 "독립적인 도시 수공업, 자립적 농촌 경제 그리고 무엇보다 노동자 가족의 가옥"을 전제한다고 썼습니다. 과거의 가내공업이란 도시 수공업과 농촌 경제가 분리된 조건에서 노동자 가족이 집에서 물건을 만드는 형태였다는 거죠. 그런 사회적 배치 속에 존재했다는 말입니다. 반면 근대의 가내공업은 "공장이나 매뉴팩처 또는 선대(先貸) 상인의 외부 부서"입니다. 공장이나 매뉴팩처, 선대 상인 등의 존재를 전제하는 것이지요. 즉 이들의 주문을 받고 납품을 한다는 의미입니다.[김, 622; 강, 618]

기계제 대공업 시대의 매뉴팩처나 가내공업을 대공장의 "외부 부서"(auswärtige Departement)라고 했는데요. 일종의 외주 내지 하청을 받는 겁니다. 예컨대 대공장의 하청을 매뉴팩처에서 받는다면, 하청의 하청의 하청을 받는 곳에 가내공업이 있다는 말입니다. 매뉴팩처도 가내공업도 더는 독립적 생산의 장소가 아닙니다. 과거의 매뉴팩처나 독립수공업자는 자기 상품을 시장에 내다 파는 독립된 사업체였습니다. 그러나 대공업 시대의 매뉴팩처나 가내공업 업체는 시장에 상품을 내놓는 것이 아니라 공장에 생산물을 '납품'합니다. 특정 부품을 조립·생산하거나 특정 부분의 가공만을 담당하지요.

마르크스의 표현을 가져다 쓰자면, 모두가 '보이지 않는 실'(unsichtbare Fäden)로 연결되어 있습니다. 대공장의 자본가는 자기 공장 노동자들을 직접 지휘하면서 외주 내지 하청 관계에 있는 노동자들, 이를테면 가내공업 노동자들을 '보이지 않는 실'을 통해 지휘합니다. 직접 고용하지 않았지만 실제로는 통제하고 있다는 뜻인데요, 마르크스는 이런 식으로 말했지요. 아일랜드에 있는 "틸리 사의 셔츠공장은 1000명의 공장 노동자들과 시골에 산재한 9000명의 가내공업 노동자들을 고용하고 있다."[김, 622; 강, 618]

∘ 값싼 착취재료—헛되이 고통받고 단축되는 생명들
이 '보이지 않는 실'을 볼 수 있어야 우리는 기계제 시대의 매뉴팩처나 가내공업의 노동형태를 이해할 수 있습니다. 해당 자본가의 성격, 노동자의 구성, 작업의 방식과 속도 등 많은 것이 과거 독립된 사업체였을 때와는 달라지거든요. 다시 말하지만 '이름'만 같지 사실상 다른 것이라고 해야 합니다. 무엇보다 노동력 착취가 훨씬 강합니다. 기계제 시대가 되면, 동시대 노동자들과 비교해도 매뉴팩처나 가내공업의 노동자들이 당하는 착취가 대공장 노동자들보다 더 크고 그 형태도 더 '파렴치'합니다. 그 내용을 마르크스가 자세히 나열하는데요.

[김, 622~623; 강, 618~619]

　일단 대공장과 달리 매뉴팩처나 가내공업 업체는 작업을 돕는 설비가 잘 갖춰져 있지 않습니다. 자동 기계장치가 많지 않기 때문에 노동자가 직접적으로 힘을 써서 일해야 하는 공정이 많지요. 유독물질 같은 것을 처리하는 장치도 잘 갖추어져 있지 않고요. 매뉴팩처 시대와 달리 기계제 시대의 매뉴팩처 작업장에는 주로 여성과 아동 노동자(그리고 값싼 이주노동자)가 많다고 했는데, 게다가 작업환경도 더 나쁘고 위험하기까지 합니다.

　상황을 더욱 악화시키는 것은, 마르크스의 표현을 쓰자면, 중간에 끼어드는 "약탈적 기생충들"(räuberischer Parasiten)입니다. 즉 이 매뉴팩처나 가내공업 노동자들은 대공장에 실제로 생산물을 납품하지만 대공장의 자본가는 이들을 직접 관리하지 않습니다. 그저 '보이지 않는 실'로 조정할 뿐이지요. 이들을 고용하고 이들에게 일을 시키는 사람, 노동자들에게는 고용주이지만 대공장 자본가에게는 외부 부서장쯤 되는 사람들이 따로 있습니다. 중간에서 이익을 가로채는 이들, '약탈적 기생충들'이 있는 겁니다. 그들은 노동자들이 받아야 할 돈의 상당 부분을 중간에서 떼어내지요. 그러다 보니 하청기업의 경우 임금이 노동력의 가치보다 실제로 훨씬 적게 지급됩니다.

　또 영세한 가내공업은 충분한 기계설비 없이 경쟁력을 갖추어야 하기에 그만큼 노동력을 쥐어짭니다. 노동일도 길고 노동강도도 아주 높지요. 노동자들의 건강에 꼭 필요한 시설도 비용을 아낀다는 이유로 구비해놓지 않고, 그래서 채광과 환기가 잘 이루어지지 않고 작업 공간도 비좁은 경우가 많지요. 자본가의 비용 절약은 노동자의 생명 낭비입니다(『공포의 집』, 108쪽 참조). 영세한 업체일수록 이런 데서 경쟁력을 확보하려 들지요(대체로 이런 작업장들은 법적 제약이나 당국의 감독이 미치지 않는 곳들이고요).

게다가 이런 곳일수록 노동자들의 저항은 더 약합니다. 한곳에 모여 있는 대공장 노동자들과 달리 외주나 하청을 맡은 매뉴팩처나 가내공업의 노동자들은 작업장별로 따로 떨어져 있습니다. 그게 다가 아닙니다. 여기 노동자들은 달리 갈 곳이 없는, 말 그대로 "남아도는"(überzählig) 사람들입니다. [김, 623; 강, 619] 잉여존재들이지요. 여기가 생존의 '마지막 도피처'이기 때문에 대공장과는 달리 노동자들 사이의 경쟁이 아주 심합니다. 고용불안이 커서 더욱더 고용주에게 매달리게 되는 곳이지요. 그렇기 때문에 역설적으로 고용주들이 더 가혹하게 부려먹고 쉽게 내칠 수 있는 곳이기도 합니다. 마르크스의 말처럼 "적대적이고 살인적인 측면이 최고도에 달하는 곳"이지요.[김, 623; 강, 619]

낡은 생산형태가 새로운 생산유기체 속에서 매우 혹독한 형태로 새로 태어난 셈인데요. 기계제 생산 시대에 매뉴팩처 작업장의 존재는, 비록 정도는 조금 덜하겠지만, 자본주의 생산양식 속에서 노예제가 존재할 때 그것이 어떻게 기능했는지를 보여주는 것 같습니다. 마르크스는 미국 남부 노예제를 예로 들면서, 이 경우 "야만적 잔학성"(노예제)에 "문명화된 잔학성"(자본주의)이 결합한다고 했습니다. 얼마나 심하게 부려먹었던지 흑인 노예 한 사람의 생명을 7년 만에 모두 "소진"해버렸습니다(『공포의 집』, 48쪽). 한마디로 도살장이었죠.

마르크스는 기계제 생산 시대의 매뉴팩처나 가내공업에서 일어난 일도 크게 다르지 않다고 본 것 같습니다. 실제로 그는 당시 런던의 인쇄공장이 "도살장"이라는 별칭으로 불리고 있다는 사실을 환기시킵니다.[김, 623; 강, 619] 인쇄공장만이 아닙니다. 기계시스템이 제대로 갖추어지지 않은 작업장이나 공장에서는 여성들과 소년들이 살인적 노동을 수행하고 있었습니다. 마르크스는 다양한 사례를 열거하는데요. 우리가 노동일에 관한 장에서 본 것과 비슷한 가슴 아픈 이야기가 여기서도 길게 펼쳐집니다. 그때와 마찬가지로 대부분 「공중위생 보고서」나 「아동노동조사위원회 보고서」에서 인용한 자료들이지요.

이 자료들의 내용을 간단히 요약한다면 아마 이렇게 말할 수 있을 겁니다. 여기 노동자들은 죽어가고 있는데 그 이유는 이들이 이런 곳에서 일자리를 구했기 때문이다. 실제로 마르크스는 이를 뒷받침하는 통계자료를 내놓는데요. 런던의 봉제업과 인쇄업에 종사하는 노동자들이 영국의 농민들보다 더 빨리 죽고 더 많이 죽는다는 것을 보여주는 자료(예컨대 "45~55세 인구의 10만 명당 사망자 수가 잉글랜드와 웨일스의 농민들은 1145명인 반면 런던의 인쇄업 종사자들은 2367명")입니다. [김, 627; 강, 623] 「공중위생 보고서」를 편찬한 의사 또한 이렇게 말합니다. "무수히 많은 남녀 노동자들의 생명이 현재 헛되이 고통받고 단축되고 있는데, 이는 단지 그들이 고용되었다는 사실 때문에 받게 되는 무한한 육체적 고통에서 비롯된 것이다."[김, 627; 강, 622] 아이러니하게도 살기 위해 잡은 일자리가 노동자의 삶을 단축시키는 셈입니다.

그나마 매뉴팩처는 가내공업보다 사정이 좀 낫습니다. 가내공업은 그야말로 공장법의 사각지대에 놓여 있지요. 당시 가내공업 업체들 대다수가 공장법 적용을 받지 않았습니다. 마르크스는 레이스 제조업을 예로 들었는데요. 그런 곳에선 주로 성인 여성들과 어린 소녀들이 일을 했습니다. 영국에서는 이런 노동력을 "값싼 노동"(cheap labour)이라고 불렀다는데요.[김, 622; 강, 617~618] 달리 말하면 '값싼 착취재료'인 것입니다.[김, 628; 강, 623] 조사 보고서에 따르면, 노동환경이 말이 아닙니다. '레이스공장'을 예로 들자면, 환기도 되지 않는 좁은 공간에서 신발도 신지 못한 채(상품인 레이스를 더럽히면 안 되니까요) 대여섯 살 아이부터 20대 여성까지 하루 12시간, 경기가 좋을 때는 15시간 가까이 일합니다.

레이스 생산의 마무리 작업(기계적 방법으로 만들어진 레이스를 마지막으로 손질하는 것)은 '여주인의 집'이라 불리는 집에서 가내공업 형태로 이루어지는데요. 여자들이 자기 집에서 아이들 몇 명을 데리고 작업합니다(자기 자식들을 데리고 하는 경우도 많았고요). 사실 이 '여주인'들도 대개는 다 가난한 사람들입니다. 공장주나 상인에게 일감을 받은 가난한 어른이 가난한 아이들을 모아서, 그리고 자기 자식들까지 동원해 일을 하는 겁니다. 워낙 무미건조하고 단조로운, 그러나 피로에 찌든 노동인지라 때로는 여주인이 어린아이들에게 긴 회초리를 휘두르며 일을 시키는데, 그럼에도 그 모습은 분노보다는 슬픔을 자아냅니다.[김, 629~630; 강, 624~625] 가난한 사람이 가난한 사람을 학대하니까요.

비슷한 장면이 밀짚세공공장에서도 반복됩니다. 주로 12~14세 아이들이 일하는 곳인데요(워낙 많은 아이들이 일하기 때문에 '밀짚세공학교'라고 불렸답니다). 아이들을 여기서 일하게 하고 심지어 집에서도 밤늦게까지 일을 시키는 것은 다름 아닌 이 아이들의 부모입니다. 아이들의 작업 공간은 한 조사위원의 표현을 쓰자면 "어린아이 하나를 상자 속에 넣는다고 가정할 때 차지하는 공간의 절반보다도 작"습니다. "가난하고 피폐해진 부모들은 자식들에게서 가능한 한 많은 것을 뽑아내려는 생각뿐이다." 마르크스는 이런 영국 사회를 조롱하듯 덧붙입니다. "이렇게 모범적인 가정들의 조국은… 유럽의 기독교 모범국이다!"[김, 632~633; 강, 628]

마르크스는 가난한 노동자 부모를 "노예상인"이라고 부른 바 있는데요. 부모들이 어린아이들의 노동력을 아예 공장에 팔아 치운 일을 가리킨 겁니다. '노예상인'이라는 말은 기계제 생산이 노동자 가정을 어떻게 파괴했는지를 상징하지요. 그런데 가내공장에서 자기 아이들의 노동력을 최대한 착취하는 부모의 형상에서 우리는 다시 한번 동일한 장면을 봅니다. 인륜이 파괴되는 현장이지요.

이런 부모들을 손가락질하기는 쉽습니다. 어떻게 자기 아이들을 그렇게 팔아치우고 또 부려먹을 수 있느냐고. 실제로 많은 부르주아들이 그렇게 이런 부모들을 비난했습니다. "노예상인"이라는 표현에서 보는 것처럼 마르크스 역시 이 사태에 분노했습니다. 그러나 그는 이 가난한 부모들의 행태보다 그것을 비난하는 부르주아들에게 더 분노했습니다. 노동자 부모가 "노예상인"으로 전락했다는 말에 마르크스는 주석을 달았는데요. 그는 어린아이들을 공장에 보낸 부모들을, 로마가 예루살렘을 공격했을 때 '굶주림을 면하기 위해 아이를 잡아먹은 어미'에 비유한 부르주아 경제학자에게 이렇게 쏘아붙였습니다. "이 자본주의적 바리새인(위선자, Pharisäer)은… 자신들이 만들어냈고 영속화했고 착취해온, 그리고 자신들이 '노동의 자유'라고 부른 이 야만성을 비난하고 있다."[김, 535, 각주 40; 강, 535, 각주 122] 지옥을 만든 당사자들이 지옥에서 벌어진 일을 손가락질하는 꼴이지요.

다시 강조하지만, '눈에 보이지 않는 실'을 볼 수 있어야 합니다. 이 실을 잡고 대공장에서 시작해 레이스를 다는 '여주인의 집'이나 밀짚모자 등을 만드는 '밀짚세공학교'까지 갈 수 있어야 합니다. 왜 '여주인의 집'이나 '밀짚세공학교'에서는 폐병 환자가 속출하고 어린아이까지 혹사당하는가. 기계제 대공장에서 나온 착취의 실이 벽촌의 가내공장을 팽팽하게 당기고 있기 때문입니다. 아이들에게 긴 회초리를 휘두르는 여주인의 팔을 들어올리는 '보이지 않는 실'을 보아야 합니다.

○ 시다의 꿈

근대적 매뉴팩처나 가내공업도 점차 기계를 도입할 수밖에 없습니다. 공예품을 만드는 게 아니라면 사람의 손에만 의존하는 일은 거의 사라져가지요. 과거의 노동집약적 업종들도 시간이 지나면서 대부분 기계화됩니다. 마르크스가 가내공업의 예로 들었던 레이스나 모자 제조업, 봉제업 등이 전형적입니다. 대체로 '의류 산업'의 세부 업종들에서는 꽤 오랫동안 매뉴팩처와 가내공업 형태가 유지되었습니다. 하지만 이들 업종도 어느덧 기계제 대공업으로 전환됩니다.

마르크스는 영국에서 매뉴팩처와 가내공업의 대공업 이행과정을 잘 보여주는 것이 바로 이 '의류 산업'이라고 했는데요.[김, 634; 강, 629] 영국의 의류 산업은 일차적으로는 매뉴팩처 형태였습니다. 분업을 통해 각 부분을 만든 뒤 결합하는 방식이었지요. 물론 여기서 생산하는 의류 용품이 바로 소비자에게 가는 것은 아니고, 선대 상인들에게 미리 주문을 받아 만든 것입니다. 여기서 쓰는 원료, 이를테면 실이나 천, 기타 반제품은 모두 기계제 대공장에서 공급된 것이고요. 여기서 일하는 사람들은 대부분 공장에서 축출되었거나 농촌에서 올라온 사람들, 마땅히 갈 데가 없는 사람들입니다. '값싼' 인력들이지요. 이들 업종에서 매뉴팩처 형태의 생산이 꽤 오랫동안 가능했던 것도 바로 그런 사람들 덕분이었습니다. 제품을 싼값에 만들어내면서도 잉여가치량을 크게 늘릴 수 있었던 것은 이들을 극도의 저임금으로 장시간 부릴 수 있었기 때문이지요.[김, 634~635; 강, 630]

하지만 분업과 값싼 인간재료만으로는 더 버티기 힘든 시점이 옵니다. 마르크스는 의류 산업의 세부 업종 전체를 바꾸는 획기적인 기계가 이때 등장했다고 말하는데요. 바로 '재봉틀'입니다.[김, 636; 강, 631] 일본 사람들은 '재봉틀'(sewing-machine)을, 해당 단어의 뒷부분만 따서 자기들 식으로 발음한 '미신'(ミシン)이라고 불렀는데요. 그 때문에 한국에서도 오랫동안 재봉틀은 '미싱'이라는 이름으로 불렸죠. 마르크스는 재봉틀이 끼친 영향은 "새로운 산업부문을 정복한 모든 기계가 끼친 영향과 거의 동일"하다고 말하고 있습니다.[김, 636; 강, 630] 의류 산업 부문에서는 거의 혁명적인 영향을 끼쳤다고 할 수 있지요.

재봉틀이 등장하면서 의류공장에서 전면적으로 부각된 노동인구는 젊은 여성들과 소녀들입니다. 이상한 말이지만 재봉틀은 무게와 크기, 기타 특성이 젊은 여성 노동자들에게 맞춰져 있습니다. 값싼 여성노동력을 효과적으로 착취하기 위해 특별히 고안된 기계가 아닌가 하는 생각이 들 정도입니다. 강한 근력을 요하는 것은 아니어서 임금이 더 높은 남성 노동자를 고용할 필요가 없었고요. 그렇다고 나이가 지나치게 많은 사람이나 너무 어린 노동자들이 감당할 정도의 노동은 또 아닙니다. 손과 발을 계속 움직이면서 민첩하고 정확하게 일을 처리해야 하니까요. 특정 기계가, 특정 연령대의 특정한 성의 노동자와 결합하는 작업형태가 만들어진 거죠(1970년대 한국 사회에 '여공'이라는 말이 보통명사처럼 자리 잡은 것도 이와 무관치 않을 겁니다).

마르크스는 이들 여성 노동자들의 노동력 지출이 대단히 컸다고 말합니다. 환기도 안 되는 좁은 공간에서 장시간 일을 해야 했으니까요. 그는 1864년의「아동노동조사위원회 보고서」한 대목을 인용하는데요. 마치 한 세기 뒤, 그러니까 1970년대 한국 여공들의 상황을 그대로 옮겨 적은 것 같습니다. "30~40명의 기계노동자가 일하는 낮은 작업장에 들어갈 때 받는 느낌은 견딜 수 없을 정도다. … 상당 부분 다리미를 뜨겁게 하기 위한 가스난로 때문에 발생한 열기는 끔찍한 것이다. … 이런 작업장에서는 이른바 정상적인 노동시간이 이루어진 경우, 즉 아침 8시부터 저녁 6시까지 노동이 이루어진 경우에도 날마다 3~4명은 졸도한다."[김, 636~637; 강, 632]

실제로『전태일 평전』에도 비슷한 내용이 많이 나옵니다. 대부분 재봉틀 몇 대를 놓고 일을 시키지요. 한 층을 위아래 둘로 나누어 천장은 너무 낮고 환기도 되지 않는 작업장에서, 농촌에서 올라온 10대 여공들이 일을 합니다. 재단사였던 전태일에게 어린 시다(보조) 노동자들이 호소하는 말들은 지금 읽어도 눈시울이 붉어집니다. "재단사요, 난 이제 아무래도 바보가 되나 봐요, 사흘 밤이나 주사 맞고 일했더니 이제 눈이 침침해서 아무리 보려고 애써도 보이지도 않고 손이 마음대로 펴지지가 않아요."[44] 그러다 전태일을 본격적으로 운동에 뛰어들게 한 일이 있었지요. 미싱사인 한 여공이 일을 하다가 "새빨간 핏덩이를 재봉틀 위에다 왈칵 토해낸" 일이 있었습니다. 폐병이었지요. 결국 그 여공은 거리로 쫓겨났습니다. "이제 그녀에게 남은 길은 십중팔구 젊디젊은 나이에 썰렁한 판잣집 방구석에 누워서 치료 한번 변변히 못 받고 죽어가거나, 아니면 요행히 살아남아도 폐인이 되는 것밖에 없었다."[45]

환기도 되지 않는 다락방에서 몇 대의 재봉틀을 앞에 두고 장시간 노동하던 여공들에 대한 마르크스의 묘사를 보면서 나는 박노해 시인의 〈시다의 꿈〉(나중에 노래로도 만들어졌지요)이 떠올랐습니다. 아마도 이 시는 19세기 영국, 20세기 한국, 21세기 방글라데시 의류공장 여공들의 변함없는 삶에 대한 진실한 증언이라고 할 수 있을 겁니다.

긴 공장의 밤
시린 어깨 위로
피로가 한파처럼 몰려온다

드르륵 득득

미싱을 타고, 꿈결 같은 미싱을 타고

두 알의 타이밍으로 철야를 버티는

시다의 언 손으로

장밋빛 꿈을 잘라

이룰 수 없는 헛된 꿈을 싹뚝 잘라

피 흐르는 가죽본을 미싱대에 올린다

끝도 없이 올린다

아직은 시다

미싱대에 오르고 싶다

미싱을 타고

장군처럼 당당한 얼굴로 미싱을 타고

언 몸뚱어리 감싸줄

따스한 옷을 만들고 싶다

찢겨진 살림을 깁고 싶다

떨려오는 온몸을 소름치며

가위질 망치질로 다림질하는

아직은 시다,

미싱을 타고 미싱을 타고

갈라진 세상 모오든 것들을

하나로 연결하고 싶은

시다의 꿈으로

찬바람 치는 공단거리를

허청이며 내달리는

왜소한 시다의 몸짓

파리한 이마 위으로

새벽별 빛나다

———박노해,〈시다의 꿈〉[46]

○ 공장법의 규제가 필요한 이유

물론 재봉틀이 매뉴팩처 작업장을 곧바로 기계제 공장으로
바꾼 것은 아닙니다. 굳이 말하자면, 재봉틀은 숙련노동자들
이 사용하는 도구에 가깝지요. 매뉴팩처의 한 요소라 할 수 있
습니다. 그러나 앞서 전태일이 언급하는 수준이 되면 작은 공
장이라고 봐도 좋을 겁니다. 그러나 계속해서 기계에 대한 혁
신이 이루어지고 규모가 대형화되면서 이런 영세업체들은 점
차 몰락해갑니다. 소규모 자본가들이 버티기 힘든 구조가 만
들어지지요.

게다가 노동일에 관한 장에서 본 것처럼 19세기 중반부
터, 노동일을 단축하고 여성노동과 아동노동을 규제하는 공
장법이 시행되었습니다. 마르크스에 따르면 공장법의 시행
은 "매뉴팩처와 가내공업 사이의 여러 중간형태들"을 몰락
시켰습니다. "값싼 노동력의 무제한적 착취야말로 이들 형태
가 지닌 경쟁력의 유일한 토대였기 때문"이지요.[김, 640; 강,
635] 이처럼 공장법은 자연발생적으로 진행되던 산업혁명을

더욱 가속화했습니다. 영세업체들은 몰락하고 생산수단과 노동자들이 대자본을 중심으로 편제되었지요.[김, 639~640; 강, 634~635]

법적 규제가 없었다면 노동력에 대한 착취는 더욱 심해졌겠지요. 기계화가 생산력을 높인다는 것을 모르지는 않지만 값싼 노동력에 대한 무한정 착취가 가능한 곳에서는 기계화의 유인이 크지 않습니다. 기계가 있어도 쓰지 않으려 하지요. 영국에서 공장법에 의한 규제가 시작되었을 때 많은 업체들이 규제 때문에 손익구조가 악화된다고 비명을 질러댔습니다. 언제나 나오는 이야기입니다. 경기도 어려운데 기업을 압박한다고. 기업 활동의 자유를 달라고.

공장법 규제가 시작될 당시 많은 업체들이 업종의 성격상 법을 지키기 어렵다며 저항하기도 했습니다. 법이 규정하는 하루 노동시간으로는 필요한 생산량을 얻을 수 없다고도 했고, 제품의 특성상 생산을 중간에 멈출 수 없어 법에서 규정하는 중간 휴식시간을 노동자들에게 제공할 수 없다는 식으로 주장했습니다. 지난 책에서 살펴본 대로, 법적 규제를 받지 않아 단테가 묘사한 지옥보다 끔찍한 곳이라고 마르크스가 언급했던 업종, 이를테면 레이스·도자기·염색·성냥·제빵 등등이 대체로 여기 해당합니다(『공포의 집』, 67쪽과 72쪽).

이런 분야들이 순수 기계적 공업보다 공장제로의 전환이 상대적으로 어려운 건 사실입니다. 그러나 대부분은 "무제한의 노동일, 야간노동, 인간생명의 무제한적 낭비의 습관"

을 정당화하기 위한 구실에 불과했지요. 마르크스는 이들이 아주 작은 제약마저도 "본성상의 제약"(Naturschranken)으로 과장하고 있다고 했는데요. 그걸 입증한 것이 공장법입니다. 그는 "공장법이 그런 '본성상의 장애들'을 제거한 것처럼 더 확실하게 해충을 제거하는 살충제는 없을 것"이라고 했습니다.[김, 641; 강, 636] 그렇게 불가능하다고 했던 일들이 일단 공장법에 대한 규제가 시작되자 거짓말처럼 가능해져버렸거든요.

예컨대 도자기 제조에는 반죽 때문에 수분을 말리는 시간이 절대적으로 필요하다고 했지만, "압력으로 흙 반죽을 만드는 개량된 방법"이 개발되었고, 아예 석탄 소비를 줄이면서도 제품의 질을 높이는 새로운 가마가 나타났지요. 성냥 제조에는 독성 높은 인(燐) 증기가 나오는 용액 속에 나뭇개비를 적시는 과정이 필수적이라며, 어린 노동자들이 그 일을 하는 것을 자연스럽게 생각했었는데요. 공장법에 의한 규제가 시작되자 나뭇개비를 용액에 담그는 기계가 나와 그것을 사용하게 되었습니다.[김, 641; 강, 636]

공장법은 생산과정의 기술적 제약만 극복하게 해준 게 아닙니다. 업종에 따라서는 생산과 소비가 특정 절기를 타는 것들이 있는데요. 소위 '대목'이 있는 상품들이지요. 계절이 뚜렷한 지역이라면 아마 의류 상품이 대체로 그럴 겁니다. 또 경우에 따라서는 갑작스럽게 대량 주문이 들어오기도 합니다. 공장법 규제를 받지 않던 업종에서는 이런 경우에 대비해 잠재적 노동자군인 '산업예비군'을 유지합니다. 일감이 많을 때 채용하고 일감이 없을 때는 그냥 내보냅니다. 노동자들로서는 둘 다 지옥이죠. "1년 중 어떤 때는 극히 비인간적인 강제노동으로 죽어 나가고 또 어떤 때는 일이 없어서 폐물처럼 내버려지"니까요.[김, 645; 강, 639] 공장주들은 이런 관행까지 '본성상의 제약'이라고 불렀습니다. 그러나 공장법 시행은 생산의 계획성과 재고관리의 중요성을 부각했지요. 규제가 들어가니 생산과 재고관리에서 합리화가 이루어진 겁니다.

앞서 말한 것처럼 공장법의 규제는 공장제로의 전환을 촉진하면서 영세한 자본을 몰락시킵니다. 공장제로 전환하려면 더 큰 자본이 필요하니까요. 이로써 자본의 집적(집중, Konzentration)이 가속화되지요. 공장법은 대공업의 산물이면서 또한 대공업으로의 이행을 촉진하는 요인입니다. 그러나 공장법의 규제가 없었는데도 자본 스스로 '인간생명에 대한 무제한적 낭비'를 멈추는 일은 없었을 겁니다. 자본 안에는 가치증식의 내적 충동을 제어할 아무런 장치가 없으니까요. 그래서 외적 규제가 꼭 필요합니다. 자본의 충동은 오직 "일반적인 의회 법령의 압력 아래에서만" 제어될 수 있습니다. [김, 647; 강, 642]

∘ 부르주아 심문관과 '자본의 정신'

사실 마르크스는 노동일에 관한 장에서도 자본에 대한 외적 규제의 필요성을 역설했습니다. 그는 공장법의 역사만큼 '자본의 정신'을 잘 보여주는 것은 없다고 했지요(『공포의 집』, 158쪽). 공장법이 제정되고 그 적용 범위가 확대되어온 역사를 보면 우리는 자본이 어떤 것인지 새삼 깨닫게 됩니다. 어떻게든 노동일이 줄어드는 걸 막으려고 온갖 책략을 발휘했지요. 야간노동을 금지하자 밤이 시작되는 시간을 따졌고, 아동노동을 금지하자 아동의 나이 기준을 바꾸려 했으며, 점심시간을 부여해야 한다고 하자 점심 식사를 낮에 해야 한다는 규정은 없다고, 그야말로 법률의 빈틈과 허점을 찾아내기 위해 교활한 눈을 이리저리 돌렸지요(『공포의 집』, 160~163쪽). 이렇게까지 해야 하나 싶은 이런 행태들이 자본이 무엇인지를 잘 보여주지요.

마르크스는 기계제 대공장을 다루고 있는 이번 장에서도 이 점을 다시 환기하는데요. 공장법에는 보건 조항들이 있습니다. 청결과 환기, 안전에 필요한 소소한 규정들이지요. 그러나 자본가들은 비용이 조금이라도 들어간다면 "노동자들의 팔다리를 보호하기 위한" 극히 사소한 조치들에도 "아주 미친 듯이" 반대합니다.[김, 648; 강, 642] 작은 안전장구들만 갖추어도 인명 손실을 막을 수 있는데 법적 규제가 없으면 이런 걸 갖출 생각을 하지 않습니다.

어찌 보면 이런 것까지 법에 규정해야 하나 싶은 것들이 많습니다. 일할 때 적절한 크기의 공간이 필요하고 환기가 되어야 하고 위험한 장치에 다가갈 때는 보호장구를 갖추어야 한다는 것을 알기 위해 전문적 지식이 필요하진 않으니까요.

상식적으로 생각해도 너무 당연한 조치들이거든요. 그런데 자본가에게는 이런 상식이 통하지 않습니다. 하기는 상수원에 오염물을 배출하면 안 된다는 것도 알려줘야 하는 사람들, 아니 법으로 금지를 해야만 지키는 사람들이니까요. 이런 자본가들이 공장에서 지켜야 할 기초적 보건 상식을 모르는 척하는 것은 당연합니다. 모를 리 없는데도 모르는 척하는 거죠. 하지만 이것이야말로 자본의 정신이 솔직하게 자신을 드러내는 순간입니다. 이것이 자본이고, 이것이 자본주의입니다. 마르크스의 말처럼요. "매우 간단한 청결 및 보건 설비조차 국가의 강제 법률로 명령해야 한다는 것보다 자본주의적 생산양식을 더 잘 특징짓는 것이 또 어디에 있겠는가?"[김, 649; 강, 643]

『자본』제13장의 끝부분에는 이와 관련해 흥미로운 심문 내용이 있습니다.[김, 667~678; 강, 659~669] 제1독일어판은 각주 부분에 있었던 것인데요. 마르크스가 프랑스어판(1872~1875)을 펴낼 때 본문으로 옮겼습니다(엥겔스가 이를 참고해 제4독일어판도 그렇게 편집을 바꾸었지요). 각주에 두기에는 분량이 조금 많기도 하지만 그 내용이 본문에 들어가는 게 더 낫겠다고 판단한 모양입니다. 공장법을 확대 적용하는 과정에서 공장주들이 어떻게 저항했는지를 잘 보여주거든요. 앞서 말한 "자본의 정신"이 잘 드러나는 대목이라고 할까요.

1867년 8월 영국에서 '공장법 확대법'(Factory Acts Extension Act)이 통과되었는데요. 여기에는 모든 금속 주조 및 단조, 기계 제조 등의 매뉴팩처와 유리, 종이, 고무, 담배, 인쇄, 제본 등의 매뉴팩처, 그리고 종업원 50인 이상인 모든 작업장이 포함되었습니다.[김, 663, 각주 240; 강, 656, 각주 319a] 공장법을 산업부문 일반에 적용할 수 있게 된 것인데요. 노동자들이 수십 년 동안 문제를 지적하고 싸워온 결과라고 할 수 있습니다. 하지만 자본가들이 가만히 있었던 건 아닙니다. 공장법은 이전에도 이야기했던 것처럼 노동자계급과 자본가계급의 '내전'의 결과물입니다(『공포의 집』, 154쪽). 노동자들의 투쟁이 '공장법 확대법'을 제정하게 만들었지만 자본가들의 반발로 이 확대법에는 "많은 예외 규정들과 적지 않은 타협"이 담겼고 이로 인해 본래의 공장법보다도 내용이 후퇴했습니다.[김, 666; 강, 658]

여론에 밀려 공장법 확대법을 만들기는 했지만 의회로서는 내키는 일이 아니었습니다. 마르크스는 당시 의회가 "철저하지도 못했고 좋아하지도 않았고 성의도 없었다"라고 했습니다.[김, 666; 강, 659] 이것을 아주 잘 보여주는 것이 '광산특별위원회'의 청문회입니다. 사실 광산업은 잔혹한 노동환경으로 워낙 악명을 떨쳐서 의회는 일찍부터 광산법(1842)과 광산감독법(1860)을 만들었습니다. 그러나 광산업에는 이상하게도 법의 적용이 지연되는 일이 많았고 조문 자체에도 꼼수가 너무 많이 개입해 별로 실효적이지 않았습니다. 광산의 작업환경에 대한 감독을 규정하고 있지만 감독관 인원을 터무니없이 적게 배정해 사실상 감독이 불가능하게 만드는 식이

었지요.[김, 666~667; 강, 658~659]

광산업에 대한 새로운 규제가 제안되어도 입법은 계속 지연됩니다. '공장법 확대법'도 마찬가지였지요. 마르크스에 따르면 그럴 만한 이유가 있었습니다. 광산업의 경우에는 산업자본가와 지주의 이해가 일치합니다. 채광 업자들이 광산의 소유자이기도 하거든요. 게다가 이들은 의회 의원이기도 합니다. 의회 자신이 광산 소유자이고 채광 업자인 것입니다.

그러다 보니 '광산특별위원회'의 심문과정이 아주 독특합니다. 형식적으로는 위원회의 심문관인데 실제로는 자본가의 변호사들이거든요. 마르크스는 이 위원회의 심문과정이 영국 재판정의 반대 심문을 연상시킨다고 썼습니다. 영국의 재판정에서는 변호사가 증인을 대상으로 엉뚱하고 파렴치한 질문을 마구 던져 증인들을 얼어붙게 한 뒤 마음에도 없는 말을 하게 하는 수법을 쓰는데, 여기서 의원들이 던지는 말들이 그렇다는 거죠.[김, 667; 강, 660] 그중 몇 대목을 보면 이렇습니다.

광산에서 14세 미만 소년들의 지하노동을 금지해달라는 노동자들의 요청과 관련해 의원들이 탄광 노동자에게 묻습니다. "아버지가 죽거나 불구가 된 경우 그 가족한테서 수입원을 빼앗는 것은 가혹하지 않은가? 그런데도 일반적 법규가 적용되어야 하는가?" 그리고 캄캄한 탄광에서 문지기 역할을 하는 소년 노동자들의 처지에 대해, "소년은 문지기를 하면서 등불을 켜고 독서를 할 수는 없는가?"[김, 668~669; 강, 661]

공장에서 그렇듯 광산에서도 아이들이 의무교육을 받을 수 있게 해달라는 요청에 대해 의원들은 이렇게 묻습니다. "왜 아이들을 야학에 보내지 않는가?" 탄광 노동자가 답합니다. "대부분의 탄광 지역에는 야학이 전혀 없다. 그러나 더 중요한 사실은 장시간의 과로에 지쳐 아이들이 눈을 제대로 뜨기도 어렵기 때문이다." 그러나 해당 의원은 황당한 결론을 도출하지요. "그러면 당신들은 교육에 반대하는가?"[김, 670; 강, 662]

광산노동의 끔찍한 실태가 고발되면서 1842년부터 여성 노동자의 지하노동이 금지되었는데요. 이들은 주로 지상에서 석탄 등을 쌓고 탄차를 끌고, 석탄을 선별하는 작업에 고용되었습니다. 땅위에서 하는 노동이라 해도 여성들에게 그 일은 힘들 뿐 아니라 불결하고 그로 인해 가정을 돌볼 수도 없다는 주장에 대해 의원들은 이렇게 묻습니다. "과부들은 이 정도의 소득을 올릴 수 있는 다른 일자리를 구할 수 있는가?" 이에 대해 "알 수 없다"라는 답이 나오자 해당 의원은 힐난조로 말합니다. "그런데도 그대들은(냉혈한 같으니!) 여성들의 생계 원천을 빼앗으려고 하는가?"[김, 672; 강, 663~664] 그러나 질문의 끝에 이들 부르주아 심문관들은 은연중 자신들이 광부나 가난한 가정을 "동정"하는 이유를 드러냅니다. "탄광 소유자들이 감독으로 임명한 사람은 신사들인데, 이 신사들의 처세(정치, Politik)는 모든 것을 가능한 한 경제적으로 처리하는 것"이라고 말이지요. 즉 여성 노동자들을 남성 노동자들의

178

절반 임금으로 부려먹을 수 있다는 겁니다.[김, 673~674; 강, 665]

이 외에도 탄광에서 사건이 일어났을 때 이 사건을 심판할 배심원을 공평하게 구성해주고, 생산량을 잴 때 부정 도량형을 쓰지 않게 해주며, 탄광을 감독할 감독관들의 수를 늘리고 그들이 직접 현장을 방문해 조사하도록 해달라는 요청에 대해서도 비슷한 질문 행태를 반복하지요. 특히 감독관과 관련한 요구에 대해서는 "비용이 많이 들지 않겠는가?", "순전히 사변적인(현실성이 전혀 없는) 항의 아닌가?" "폭발이 일어나면(사건이 터지면) 탄광주도 손해를 입는 것 아닌가?" "노동자들이 정부의 도움을 받지 않고 자신들의 이익을 옹호할 수는 없는가?" 등등 황당한 말들을 쏟아냈습니다.[김, 677~678; 668~669]

부르주아 심문관들 즉 의원들은 부르주아 변호사들이라는 게 심문과정에서 적나라하게 드러납니다. '이렇게까지 해야 하나' 싶은 그 순간에 혀를 차고 돌아서면 안 됩니다. 바로 여기가 자본의 정신을 포착하고 파악해야 할 순간이니까요. 이들의 억지가 자본의 의지입니다. 마치 주머니를 뚫고 나온 송곳처럼 그것이 우리에게 드러나는 순간이지요.

◦ '보이지 않는 손'과 '강철로 된 손'

일찍이 스미스는 사회의 공익이 사적 이기심을 충족하기 위한 노력 속에서 생겨난다는 식의 주장을 펼쳤습니다. 그는

『국부론』에서 말했습니다. "우리가 식사를 할 수 있는 것은 정육점 주인, 양조장 주인, 빵집 주인의 자비에 의한 것이 아니라 자기 자신의 이익에 대한 관심 때문이다."[47]

투자에 대해서도 마찬가지입니다. 자본가 개인의 관심사는 자기의 이익이지 사회의 이익은 아니라고요. 하지만 자기의 이익을 추구하는 과정에서 그는 사회에 가장 유익한 투자를 한다는 것이지요. 이윤 차이가 크지 않다면 가급적 국내 산업에 투자할 것이고(상황을 잘 알고 감독하기도 편리하니까요), 노동자들을 고용할 때도 생산물이 최대의 가치를 얻도록 지휘할 것이라고요. 이것은 분명 자본가의 사적 이익을 위한 행동이지만 나라 전체의 부를 증가시키고 국민들에게도 편익을 제공합니다. "그는 이렇게 함으로써 다른 많은 경우들처럼 보이지 않는 손(invisible hand)에 이끌려 자신이 전혀 의도하지 않은 목적을 증진한다."[48]

물론 스미스가 '국민들을 먹여 살리기 위해 사업을 하노라' 하는 식으로 말하는 속물은 아닙니다. 그는 오히려 '공익'(public good)을 위하는 일이라고 떠벌리며 사업을 하는 사람들이 좋은 일을 하는 것을 본 적이 없다고 했습니다.[49] 반대로 개인들로 하여금 자기 이익을 추구하게 내버려두면 각 개인들의 의도와는 상관없이 그 결과물이 사회의 이익을 증진한다는 거죠.

『국부론』보다 먼저 펴낸『도덕감정론』에서도 비슷한 이야기를 했습니다. 부와 권세에 대한 욕심에서 사람들은 더 많은 땅을 개척하고 기술을 발명하고 열심히 일합니다. 특히 상상력 덕분에 생겨난 환각이 중요한 역할을 하는데요. 이를테면 지주는 넓은 들을 바라보면서 자신이 그 수확물을 전부 소비하겠다는 상상을 합니다. 스미스의 표현을 빌리자면 "눈이 배보다 크다"고 할 수 있지요. 실제로 소비에는 한계가 있는데 지주의 눈에 보이는 것, 그의 머릿속에 떠오르는 것은 무한한 풍요입니다. 그런데 스미스에 따르면 지주의 이런 욕심과 상상이 토지의 생산량을 늘리고 가난한 사람들에게도 물자를 공급해줍니다(지주의 위장은 그 모든 것을 소비할 만큼 크지 않으니까요). "[부자들은] 자신들이 고용하고 있는 수천 명의 노동에서 도모하는 유일한 목적이 그들 자신의 공허하고 만족될 수 없는 욕망의 충족임에도 불구하고, 그들은 자신들의 다량의 산물을 가난한 사람들과 나누어 가진다. 그들은 보이지 않는 손에 인도되어 토지가 주민들에게 균등하게 분배되었을 경우 행해졌을 것과 거의 같은 생활필수품을 분배하게 된다."[50]

그래서 스미스는 자본가와 지주를 내버려두는 게 좋다고 말하는 겁니다. 그들은 돈을 벌려고 신선한 빵을 대량으로 만들어내는 법을 찾아낼 테니까요. 굳이 규제를 할 필요가 없습니다. 그런데 과연 그럴까요. 자본가들은 자신의 내적 충동을 제어할 장치를 갖고 있지 못하기 때문에 외적 규제가 가해져야 한다는 생각은 틀렸을까요. 자본가들의 내적 충동을 보장함으로써 우리는 오히려 공익에 이를 수 있을까요.

마르크스는 말합니다. 공장법을 보라고. 노동자들의 팔다리를 보호하기 위한 얼마 되지 않는 지출에도 그들이 얼마나 '미친 듯이' 반대하는지 보라고. "여기서 자유무역의 신조, 즉 상호적대적(antagonistischer) 이해를 가진 사회에서는 각 개인이 자신의 이익을 추구함으로써 공동의 복지를 촉진한다는 그 신조가 훌륭하게 입증"된다고.[김, 648; 강, 642]

자본가들은 빵을 저렴하고 신선하게 많이 만들어내는 데만 최선을 다하는 게 아닙니다. 그들은 생산비용을 절감하기 위해서도 최선을 다하지요. 그 비용절감이 노동자들의 생명 낭비여도 신경 쓰지 않습니다. 심지어는 빵이 꼭 신선하고 품질이 좋지 않아도 됩니다. 그렇게 '보일' 수만 있다면, 그렇게 나쁘다는 것이 들통 나지 않을 수만 있다면, 밀가루에 돌가루를 섞는 것도 주저하지 않지요(런던의 불량 빵 사건을 기억할 겁니다. 『공포의 집』, 68쪽).

왜 이런 일이 생길까요. 자본가들의 목적은 많은 빵을 만들어 소비하는 게 아니니까요. 지주들의 목적도 넓은 땅에서 많은 소출을 얻는 게 아닙니다. 이들의 목적은 더 많은 돈 즉 이윤이지요. 이들은 빵을 만들기 위해 최선을 다하는 사람들이 아니라 이윤에 최선을 다하는 사람들입니다. 사회가 어떻게 될지는 신경 쓰지 않습니다.

그렇다고 이들에게 이타심을 가지라고 호소하는 식으로 문제를 해결할 수는 없습니다. 돈을 벌기 위해 자연과 사회를 파괴하는 행동, 비용을 절감하기 위해 생명을 낭비하는 행동을 하면 큰 손해라는 것을 일깨워줘야 하지요. 이기심이 작동하는 환경을 바꿔주어야 합니다. 사회가 '강철로 된 손'을 움직여야 합니다. 그랬을 때만 이들의 이익 추구가 공익까지는 아니더라도 인간과 사회, 자연을 덜 파괴하는 쪽으로 나아갈 겁니다.

　○ 자연에 대한 닦달―기계제 생산과 생산력주의의 지배

마르크스는 『자본』 제13장(영어판은 제15장)의 마지막 절(제10절)을 농업 분야에 할애했는데요. 기계제 생산이 농업과 농업생산자들에게 어떤 영향을 미쳤는지를 간략히 정리하고 있습니다. 기계가 농업에 미치는 효과는 대체로 공업의 경우와 비슷합니다. 기계 사용으로 경작 면적은 확대되지만 경작 노동자 수는 감소합니다. 그래서 공장으로부터 노동자들이 축출되듯 토지로부터도 농민들의 대거 축출이 나타납니다. 특히 소규모 자영농민들(peasant)이 몰락해 임금노동자가 되지요.[김, 681; 강, 671~672]

　　그런데 제10절에는 공업의 경우와 다른 흥미로운 내용이 있습니다. 지금까지 마르크스는 기계제 생산을 노동자에 대한 착취의 증대라는 점에서 설명해왔는데요. 이 절에서는 노동자만이 아니라 토지에 대한 착취를 언급한 점이 이채롭습니다. "자본주의적 농업의 모든 진보는 노동자뿐 아니라 토지를 약탈하는 방식의 진보이며, 일정한 기간에 토지의 수확을 높이는 모든 진보 또한 토지생산력의 항구적 원천을 파괴하는 진보이다. … 따라서 자본주의적 생산은 모든 부의 원천인 토지와 노동자를 동시에 파괴함으로써만 사회적 생산과정의 기술과 결합방식을 발전시킨다."[김, 683~684; 강, 673~674]

　　자본주의적 생산이 "부의 원천인 토지와 노동자를 동시에 파괴"한다고 썼는데요. 여기서 말하는 '부'는 '가치'(교환가치)가 아닙니다. 언젠가 언급했습니다만 자연의 작용 자체는 '가치'를 생산하는 활동으로 평가받지 않습니다(『화폐라는 짐승』, 202쪽). 가치생산에 이용될 뿐이지요. 한마디로 자연은 '가치' 바깥에 있습니다. 따뜻하게 내리쬐는 태양, 흐르는 물, 비인간 동물들의 수고는 그 자체로는 정치경제학적 의미에서 아무런 가치도 없고 가치를 생산하지도 않습니다.

　　따라서 이 절에서 말하는 자연에 대한 약탈과 착취는 지금까지 언급해온 노동자들에 대한 착취와는 다릅니다. 『자본』에서 말한 노동자에 대한 착취는 '잉여가치' 즉 '잉여노동'에 대한 것입니다. 노동력의 가치 이상으로 노동자가 노동한 부분 말입니다. 그러나 자연은 가치를 생산하지 못하므로 잉여가치도 생산하지 않습니다. 달리 말하면 자연의 작용은 노동이 아니므로 잉여노동의 착취를 당하지도 않지요(굳이 말한다면 가치 개념 자체가 착취이고 약탈이라고 해야 할 겁니다).

　　그런데 마르크스가 토지와 노동자를 '부의 원천'으로서 함께 불렀을 때, 이때의 노동자에 대한 약탈은 방금 말한 잉여가치(잉여노동)와는 다른 것으로 보아야 합니다. 여기서 말하는 '부'는 가치(교환가치)가 아니라 '사용가치'와 관련된 겁니다(마르크스는 윌리엄 페티의 말, "노동은 물질적 부의 아버지이고 토지는 그 어머니다"라는 말을 이런 맥락에서 이미 인용한 바 있지요. 『마르크스의 특별한 눈』, 66쪽). 여기서 그가 말하는 파괴는 사용가치를 생산하는 인간과 자연의 능력에 대한 것입니다. 기계제 생산이 인간과 자연을 더는 무언가를 품고 산출할 수 없는 존재로 만들었다고, 즉 이들을 황폐화했다고 보는 거죠.

우리는 마르크스가 이 문제를 기계제 생산에서 다루었다는 점에 유념할 필요가 있습니다. 자본가들이 기계를 도입하는 이유는 생산성 증대를 통해 더 많은 잉여가치를 얻기 위해서입니다. 기계는 노동생산력과 토지생산력을 극대화하기 위한 장치입니다. 여기서 생산력을 극대화한다는 것은 투입량 대비 산출량을 최대로 한다는 뜻이지요. 간접적으로는 잉여가치의 생산에 기여하지만 직접적으로는 사용가치 즉 물건의 양을 최대로 늘린다는 뜻입니다.

여기에는 일종의 생산력주의 같은 게 있습니다. 물건을 최대로 많이 만들어내는 것을 지향하는 태도지요. 기계제 생산은 생산력주의의 지배를 극명하게 보여줍니다. 우리는 생산량을 늘리기 위해 인간과 자연을 닦달하고 쥐어짜는 시대에 살고 있습니다. 기계의 리듬에 맞추도록 노동자들을 닦달하고, 화학비료를 뿌리고 기계로 마구 파헤치면서 소출을 더 내놓으라고 토지를 닦달하지요. 이 운명은 특정한 누군가에게 책임을 지우기도 어려울 만큼 집합적입니다. 숲에서 나무를 마구 베어대는 목수는 제재소가 내민 청구서에 시달리고 제재소는 가구공장에, 가구공장은 대형 매장에 시달리니까요. 모두가 컨베이어 벨트에 연결된 작은 바퀴들처럼 함께 돌아갑니다.[51]

물론 마르크스의 지적처럼 이 운명의 상당 부분은 자본주의적인 것입니다. 상대적 잉여가치(특별 잉여가치)를 얻기 위해 생산력을 최대로 끌어올린 결과지요. 하지만 그것으로만 환원할 수는 없습니다. 역사적으로 존재했던 사회주의국가들에서도 생산력 증대를 사회 진보와 동일시하곤 했으니까요. 그래서 사회주의국가들에서도 환경 파괴가 아주 심했습니다. 많이 생산하기 위해 많이 파헤쳤지요.

이것은 가치를 생산하고 축적하는 문제와는 별개입니다. 이것은 풍요에 대한 이미지와 관련되어 있습니다. 지금처럼 물건을 대량으로 생산하고 소비하는 사회, 그런 걸 풍요라고 생각하는 사회에 대한 반성이 이제 필요하지 않을까요. 우리가 지향하는 풍요가 어떤 것인지, 그 속에서 우리는 비인간 동물, 더 나아가 자연의 다양한 사물과 어떤 관계를 맺고자 하는지 함께 생각해보았으면 좋겠습니다.

6

미래에서 온 공병

———

기계의 미래와 노동자의 미래

미래는 미래에 시작되지 않습니다.
마르크스는 현재의 형태에서 자라난 것,
현재의 형태에서 강화되고 있는 것이 역설적이게도
현재의 형태를 해체하고
현재와는 다른 미래를 도래케 하는 데
이용될 수 있다고 봅니다.
이것이 마르크스의 독해 방법이지요.
그는 공장법의 교육 조항에서
그 조짐을 읽었고,
대공업 시대에 생겨난 기술학교들에서
그 조짐을 읽었습니다.

New Lanark.

로버트 오언의 '뉴 라나크'(New Lanark).
로버트 오언이 노동자들의 생활과 교육을 개선하겠다는 뜻에서
스코틀랜드 '라나크' 지역에 세운 '새로운' 마을 공동체로,
공장 시설과 노동자 주택, 보육 시설 등을 두루 갖추고 있었다.
오언은 『사회에 관한 새 견해』의 세 번째 에세이에서
공장 시설 복판에 만든 '새로운 학교'에 대해 간략히 소개한다.
그에 따르면 마을 공동체의 노동자 아이들은
2세가 넘으면 이 학교에 다닐 수 있다. 뉴 라나크 보육과정의 주된 가르침은
"온 힘을 다해 자기 친구를 행복하게 하라"이다.

우리는 지금까지 기계의 자본주의적 사용이 자본의 잉여가치 생산과 노동자의 삶에 미친 영향을 살펴보았습니다. 그리고 공장법 제정이 어떻게 기계제 공장으로의 이행을 촉진했는지도 간단히 보았습니다.

○ 공장법의 일반화와 마르크스의 방법

공장법이 매뉴팩처가 아니라 기계제 시대에 제정된 것은 의미심장합니다. 엄밀히 말하면 기계제 생산이 시작되고 몇 십년이 지난 후였지요. 기계제 생산의 파괴력이 그만큼 컸다는 말이겠죠. 마르크스는 공장법에 대해 "사회가 생산과정의 자연발생적 형태에 대해 가한 최초의 의식적이고 계획적인 반작용"이라고 했습니다.[김, 647; 강, 642] 자연발생적 형태에 처음으로 규제를 가했다는 건 그대로 두면 안 된다는 인식이 생겨났다는 뜻일 겁니다. 기계제 생산으로부터 노동자와 사회를 보호해야 할 필요를 절감한 것이지요.

사실 처음에 공장법은 일종의 특별법이었습니다. 기계제 생산의 최초 형태인 방적업과 직조업에만 적용되었습니다. 그러다 '공장법 확대법'의 형태로 일반화되었지요. 여기에는 두 가지 필요성이 있었습니다. 한편으로는 여러 산업부문에서 기계제 대공업이 지배적 생산형태가 되었습니다. 매뉴팩처와 가내공업조차 전통적인 모습과는 달라졌지요. 모두가 '보이지 않는 실'을 통해 기계제 대공장과 연결되었기 때문입니다. 다른 한편으로는 공장법 적용을 받지 않던 분야들에서 노동착취가 너무 심했습니다. 그중에서도 매뉴팩처나 가내공업 영역이 "놀랄 만큼 짧은 기간에 극도로 흉악무도한 자본주의적 착취가 자유롭게 이루어지는 비탄의 동굴들(Jammer-höhlen)"로 바뀌었지요.[김, 661; 강, 653]

물론 공장법을 일반화할 필요성이 제기되었다고 해서 곧바로 현실화되는 건 아닙니다. 마르크스에 따르면 여기에는 자본의 두 가지 행태가 중요한 역할을 했는데요.[김, 661; 강, 653~654] 하나는 경험상 보건대 자본은 한 지점에만 국가의 통제가 가해지면, 다시 말해 규제가 일반적으로 행해지지 않으면, 다른 지점으로 건너가 거기서 큰 보상을 얻어내려 한다는 것이고요. 다른 하나는 자본가들 자신이 규제의 평등을 요구한다는 겁니다. 한마디로 '나만 규제를 받을 순 없다' 하는 것이지요. 자본가는 규제를 싫어하지만 자기만 규제받는 것은 더욱 싫어합니다. 좀 우스꽝스럽게 들리기도 합니다만, 일단 공장법이 시행에 들어가자 경쟁 중인 자본가들이 그것을 일반화하는 데 기여했다는 거죠.

그러나 공장법은 확대 과정에서 많이 변질되었습니다. 자본가들과 타협한 것이지요. 앞서 언급한 것처럼 마르크스는 '공장법 확대법'이 본래의 '공장법'보다 내용적으로 후퇴했다고 평가했습니다. 그런데 내가 흥미롭게 본 것은 공장법의 일반화 과정이 아니라 그것에 대한 마르크스의 독해 방법입니다. 이것은 꼭 공장법에만 해당하는 이야기가 아닙니다. 사물을 바라보는 마르크스의 방법이랄까요, 그런 게 여기서 또 한 번 잘 드러납니다.

우리 시리즈의 1권에서 나는 마르크스의 방법을 '역설의 변증법'이라고 명명한 적이 있는데요(『다시 자본을 읽자』, 136~139쪽). 역설은 하나의 의미에 대해 다른 의미, 심지어 반대의 의미가 동시에 생겨날 때, 혹은 한쪽 방향을 강화하는 일이 동시에 다른 쪽 방향을 강화하는 일이 될 때 성립합니다. 마르크스는 사물이 품고 있는 다른 의미를 정말 잘 읽어냅니다. 특정한 배치 속에서 사물은 특정한 의미와 용법을 갖지만, 마르크스는 그 사물이 그것과는 다른 의미와 용법을 가질 수 있다는 것을 읽어냅니다. 막연하게 '다른 의미와 용법이 있을 수 있어'라는 식의 말이 아닙니다. 해당 배치 속에서 그것이 작동되는 방식을 보고 하는 말입니다. 이를테면 인터넷은 처음에 군사적 목적에서 개발되었다고 합니다. 그런데 그것이 작동되는 방식을 보고, 그것이 품고 있는 다른 의미와 용법, 그러니까 배치만 조금 바꾸면 현실화될 수 있는 잠재적 의미와 용법을 읽어내는 거죠.

사물에 대해서만이 아닙니다. 마르크스는 배치 자체에 대해서도 그것이 품고 있는 해체 가능성을 읽어냅니다. 특정 사회형태의 원리에서 그것의 잠재적 해체 원리를 읽어낸다고 할까요. 이를테면 정복전쟁은 고대 로마를 키워나간 원리지만 동시에 붕괴시키는 원리가 됩니다. 매듭이 묶이는 방식과 풀리는 방식은 긴밀하게 연관되어 있지요.

이는 모든 사물, 모든 현상에는 동전의 양면처럼 좋은 점과 나쁜 점이 있다는 식의 이야기가 아닙니다. '주어진 것'에 대해 좋은 점과 나쁜 점을 고루 나열하는 게 비평이 아닙니다. 적어도 마르크스의 비평(비판)은 그런 게 아닙니다. 그는 주어진 것의 좋은 점과 나쁜 점을 말하는 사람이 아니라, 주어진 것이 다른 것이 될 수 있는 가능성을 읽고 그 길을 찾는 사람입니다. 현재의 지형과 바람과 습기를 면밀하게 관찰하면서 미래로 가는 출구를 찾기 위해, 달리 말하면 현재 속에 들어온 미래의 흔적을 읽어내기 위해 분투하는 사람이라고 할 수 있습니다. 이것이 투사로서 비평가가 해야 할 일이지요.

◦ 공장노동과 교육의 미래

마르크스는 공장법의 보건 조항에 대해, 노동자의 팔다리를 보호하기 위한 아주 사소한 부담도 지기를 거부하는 자본가들의 모습에서 자본의 정신, 자본주의적 생산양식의 특징을 읽을 수 있다고 했는데요. 교육 조항 등에서는 뭔가 다른 것을 읽어냅니다. 공장법은 공장주들로 하여금 14세 미만의 아동 노동자에 대한 초등교육의 의무를 부과했습니다. 앞서 2장 '기계가 도입되고 나서 벌어진 일들'에서 살펴본 것처럼 공장주들은 이 조항을 아주 껍데기로 만들어버렸지요. 아이들에 대한 교육적 고려 없이 그저 처벌만 피하는 수준에서 형식적으로 준수했어요. 연중 수업일수만 채우는 수준에서 공장의 일감이 적을 때만 학교를 보내고 일감이 밀리면 며칠간 결석을 시켰습니다.

그런데 이런 실태와는 별개로 마르크스는 공장법의 교육 조항에서 "미래 교육의 싹"[김, 652; 강, 646] 같은 걸 봅니다. 공장법의 교육 조항이란 어린 노동자의 교육, 즉 노동과 교육의 결합을 의무화한 조항입니다. 마르크스는 공장감독관의 증언을 인용하는데요. 공장에서 일하는 아이들이 학교 수업시간에 그렇지 않은 학생들보다 더 열의를 보이며 열심히 한다는 겁니다.[김, 651; 강, 645] 마르크스는 한 공장주의 말도 인용하는데요. 그 공장주는 유능한 노동자를 길러내려면 노동과 교육을 결합시키는 게 좋으며, 이는 노동자만이 아니라 공장주 자신의 자녀를 위해서도 그런 것 같다고 말합니다. 너무 공부만 하는 것은 공부를 위해서도 좋은 것 같지 않다고, 공부와 노동과 놀이가 결합해야 한다고요.[김, 651, 각주 219; 강, 645, 각주 299]

앞서도 말했던 것처럼 마르크스가 이 교육 조항이 얼마나 엉터리로 실행되었는지를 몰랐던 것이 아닙니다. 그리고 공장에서 일하던 아이들 모두가 학교에서 눈을 반짝거리며 수업에 임했다고 믿지도 않았을 겁니다. 대부분의 어린 노동자들은 공장에서의 과로 때문에 수업시간에는 눈을 뜨고 있기도 어려웠을 테고, 불규칙한 출석으로 수업 내용도 이해할 수 없었겠지요. 그럼에도 마르크스가 이런 증언들에 주목하는 것은 공장노동과 학교교육의 접점에서 미래 교육의 싹을 보았기 때문입니다.

마르크스는 이 조항이 "학업과 체육을 육체노동과 결합

시킬 수 있다는 사실을 처음으로 보여주었다"라고 평가했습니다.[김, 650~651; 강, 645] 일과 학업을 병행하게 해야 한다는 조항은 어린 노동자들에 대한 최소한의 보호조치였습니다. 그런데 불타는 산에서 군밤을 줍는다고 했던가요. 마르크스는 모두가 벗어나고 싶어하는 상황 속에서 미래로 가는 단서를 구합니다. 그는 아동 노동자들에 대한 의무교육 조항을 놓고 오히려 부르주아 아이들을 겨냥해서 묻습니다. 그저 책만 읽고 공부만 하는 아이들은 행복한가. 그것이 아이들에게 좋은 교육인가.

물론 정신과 신체를 망칠 정도의 노동은 용납해선 안 되겠지요. 하지만 일하는 사람에게 공부가 필요한 것처럼 공부하는 사람에게도 일이 필요합니다. 그것이 일에도 좋고 공부에도 좋습니다. 마르크스는 로버트 오언(Robert Owen)의 교육 실험에 주목했는데요[참고로 그는 오언의 화폐에 대해서도(『화폐라는 짐승』, 197쪽), 협동조합에 대해서도(『공포의 집』, 207쪽) 긍정적으로 평가한 바 있습니다]. 그에 따르면 오언은 "공장제로부터 미래 교육의 싹이 나온다"라는 것을 보여주었습니다.[김, 652; 강, 646]

오언이 스코틀랜드 라나크 주에서 행한 실험을 염두에 두고 한 말인데요. 오언은 『사회에 관한 새 견해』의 세 번째 에세이에서 공장 시설 복판에 만든 '새로운 학교'(새로운 연구소, New Institution)에 대해 간략히 소개하고 있습니다.[52] 그에 따르면 공동체의 노동자 아이들은 2세가 넘으면 이 학교를 다닐 수 있습니다. 5세 전까지는 학교 울타리 안에 있는 넓은 놀이터에서 보육교사와 함께 놀이를 합니다. 공동 어린이집 같은 것이지요. 이 보육과정의 주된 가르침은 "온 힘을 다해 자기 친구를 행복하게 하라"입니다.[53] 개인의 행복과 공동체의 행복을 일치시키도록 훈련하는 거죠. 이 아이들은 부모의 퇴근시간에 맞춰 집으로 돌아갑니다.

5세가 넘으면 학교에서 읽기와 쓰기, 산수를 배웁니다. 그리고 일반 교과 외에도 재봉과 요리와 청소 등을 배웁니다. 학교 바깥에 있는 공동체의 조리 시설이나 식당에서 이런 걸 교육하지요. 남학생들은 교련도 받습니다. 신체 훈련과 더불어 나이에 맞게 간단한 무기 다루는 법을 배우는 겁니다. 오언은 교련이 건강과 활기를 증진하는 동시에 잘못된 의견이나 습관 때문에 폭력을 휘두르는 사람들을 억제하고 가난한 이들이 자신을 방어하는 데도 필요하다고 말합니다(공장 아동과 빈민 학생의 교련 교육에 대해서는 마르크스도 일정 부분 공감한 것으로 보입니다[김, 651, 각주 218; 강, 645, 각주 298]). 교육은 모두 무료입니다.

마르크스는 노동과 학업, 체육, 요리, 교련 등이 결합된 이런 식의 교육은 한 가지 일을 평생 하도록 만드는 매뉴팩처 시대에는 나올 수 없다고 봅니다. 기계제 대공업이 매뉴팩처적 분업을 기술적으로 타파하면서 이런 식의 교육을 떠올릴 수 있게 되었다는 거죠.[김, 652; 강, 646] 물론 오언의 실험은 비자본주의적 형태의 공장 공동체에서 이루어진, 말 그대로

'실험'입니다. 당시 일반 공장에서 일하던 보통의 어린 노동자들은 받을 수 없던 교육이지요. 오히려 일반 공장의 어린 노동자들은 노동과정에서 아무것도 배울 수 없었습니다. 대공업의 '자본주의적 형태'에서 분업이 다시 기괴한 형태로 부활했기 때문입니다.

기계제 대공장에서는 기계노동자들이 "의식을 가진 부분기계의 부속품"으로서 일하고, 대공장이 아닌 곳에서는 기계와 기계노동자들을 일부만 사용하면서 여성과 아동, 미숙련공을 끌어들여 보조 업무를 시켰습니다. 그러다 보니 어린 노동자들은 매뉴팩처나 수공업 시대의 도제보다 못한 상황에 처했지요. 도제들은 적어도 한 가지 기술은 익혔습니다. 만약 인쇄공이 되었다면 평생 읽고 쓰기는 배웁니다. 그래야 일을 할 수 있으니까요. 하지만 기계제 아래에서 어린 노동자는 그런 걸 배우지 않습니다. 그저 자동 인쇄기계에 용지를 넣고 빼는 일만 하지요. 아무것도 배우는 게 없습니다.[김, 653~654; 강, 647]

그렇다면 아이들 교육을 위해서는 매뉴팩처 시대가 더 나았을까요. 그게 아니라는 걸 말하기 위해 마르크스가 공장법의 의무교육 조항과 오언의 실험을 끌어들인 거죠. 매뉴팩처나 수공업 시대의 분업은 인간능력의 다면적 발전을 가로막습니다. 작업장에서의 분업에 대한 시각은 사회적 분업을 바라보는 시각에도 영향을 미쳤습니다. 매뉴팩처 작업장에서 한 가지 부분노동, 이를테면 철사 자르기만 평생 수행하는 것처럼, 사회에서는 한 가지 직업, 이를테면 구두 수선을 평생의 직업으로 갖는 게 당연하다고 생각합니다. 저마다 직분에 맞는 일이 있다고 생각하는 거죠. 그리고 작업장의 숙련노동자가 자기만의 노하우를 가지고 노동하는 것처럼, 각각의 직업에서도 그 직업 종사자만이 아는 기술이나 비법을 전수받고 또 전수합니다. 마르크스에 따르면 18세기까지 몇몇 직업은 아예 "비법"(mystères)이라는 이름으로 불릴 정도였습니다. [김, 655; 강, 648]

그런데 19세기 대공업은 이런 신비의 장막을 찢어버렸습니다. 생산과정을 기본 운동들로 분해하고 이 운동들을 기계적으로 재구성해냈습니다. 이렇게 해서 탄생한 근대 학문이 "기술학"(Technologie)입니다.[김, 655; 강, 649] 그리고 기술학과 외연이 상당히 겹치는 '공학'(engineering) 역시 이때 탄생했습니다. 기술학과 공학은 매뉴팩처 시대의 기계학(역학)과는 완전히 다릅니다. 매뉴팩처 시대의 기계학은 자연을 어떻게 표상할 것인가와 관련된 것입니다. 예컨대 데카르트는 자연의 원리와 기계의 원리가 같다고 보았습니다. 그는 "톱니바퀴들로 만들어진 시계가 시간을 가리키는 것이나 씨앗에서 자라난 나무가 열매를 맺는 것이나 매한가지"라고 했지요.[54] 굳이 차이가 있다면 자연의 톱니바퀴는 너무 작아 보이지가 않는다는 것뿐입니다. 그러나 기계제 대공업 시대의 공학자들에게 중요한 것은 '표상'(representation)이 아니라 '생산'(production)입니다. 필요한 운동을 최대한 효율적인 방식으로 만들어내는 것이 관건이지요.

근대적 대공업에서는 생산과정의 현존 형태를 최종적인 것으로 간주하지 않습니다. 항상 더 나은 생산방식이 있는지를 모색하지요. 생산과정 자체가 끊임없이 변화합니다. 따라서 노동자들도 그에 맞출 것을 요구합니다. "대공업의 본성은 노동의 전환성(Wechsel)·기능의 유동성(Fluß)·노동자의 전면적 이동성(Beweglichkeit)을 조건으로 삼는다."[김, 656; 강, 650] 노동자들은 다양한 업무를 수행할 수 있고, 기능을 유연화할 수 있으며 더 큰 이동성을 가진 존재가 될 것을 요구받습니다. 아이들도 그렇게 교육되기를 바라고요.

마르크스가 19세기가 아니라 21세기를 보고 말했나 싶을 정도로 오늘날에도 잘 들어맞는 이야기입니다. 우리는 이것 때문에 노동자들이 얼마나 큰 고통을 겪고 있는지 잘 알고 있습니다. 마르크스 또한 이 점을 지적하지요. 그는 이러한 기술적 요구가 자본주의라는 특수한 사회형태 속에서 이루어지고 있음을 환기해줍니다. 자본주의에서 이런 요구는 "노동자들의 생활 상태에서 모든 평온과 안정, 확실성을 빼앗는" 역할을 합니다. 노동자들은 생산과정의 변화에 대처해야 합니다. 그렇지 못한 노동자들, 단지 일면적 기능만 가진 노동자들은 불필요한 존재로 공장에서 축출되지요. 기술적 필요와 사회적 특수성의 결합이 "노동자계급의 끊임없는 희생, 노동력의 무제한적 낭비, 사회적 무정부 상태가 만들어내는 파괴 작용"으로 나타납니다.[김, 656~657; 강, 650]

마르크스도 잘 알고 있습니다. 그러나 그는 적어도 여기서만큼은 다른 이야기를 하고 싶어합니다. 이와 관련해 그가 근대 대공업의 혁명성을 언급하며 달아둔 주석에 눈길이 갑니다. 그는 "이전의 모든 생산양식의 기술적 기초는 본질적으로 보수적이지만 근대적 공업의 기술적 토대는 혁명적이다"라고 적고서,[김, 656; 강, 649] 20년 전에 쓴 『공산주의당 선언』의 한 단락을 인용했습니다. 내용은 동일합니다. 부르주아 시대는 이전의 모든 시대와 달리 "생산의 지속적 변혁, 모든 사회 상태의 끊임없는 동요, 항구적 불안과 선동"을 특징으로 한다는 내용입니다. 한마디로 "모든 단단한 것들이 녹아 없어지는" 시대라는 거죠.[김, 656, 각주 226; 강, 649, 각주 306]

왜 그는 20년 전에 썼던 선언문까지 끌어들이며 부르주아적 생산양식의 혁명성을 강조하는 걸까요. 내가 앞서 이번 책의 1장 '기계괴물의 출현'에서 언급한 것처럼, 그는 이 선언문에서 근대 대공업과 부르주아지의 관계를 "주문을 외워 불러낸 저승의 힘을 더는 감당할 수 없게 된 마법사"에 비유했습니다. 여기서 "감당할 수 없다"라고 한 것은 저승에서 불러낸 힘, 즉 근대 대공업이 마법사인 부르주아지의 생각대로 움직이지는 않으리라는 생각을 표현한 것이지요. 달리 말하면 기계제 대공업의 기술적 요구가 꼭 자본주의적 사회형태와 맞물려야 하는 것은 아니라는 뜻입니다. 분명 부르주아지가 불러낸 기계제 대공업은 혁명적입니다. 관건은 이 혁명을 혁명할 수 있느냐입니다. 이 힘을 서툰 마법사인 부르주아지와 다르게 다룰 수 있는가.

마르크스는 노동의 미래, 교육의 미래가 여기에 달려 있다고 봅니다. 노동의 전환성, 유동성, 이동성이 노동자에게 더는 비참을 의미하지 않을 수 있는가. 노동자가 다양한 종류의 일을 하고 다양한 능력을 발휘할 수 있는 존재가 되는 것이 더 많이 착취되는 일이 아니라 더 풍요로운 사회적 존재가 되는 일일 수 있는가. 기계제 자체는 이것을 가로막지 않습니다. 아니, 오히려 그것을 요청합니다. 문제는 자본주의입니다. 그렇게 되기에는 아직 장해물이 많습니다.

그럼에도 마르크스는 미래를 위한 변혁의 계기("대공업의 토대 위에서 자연발생적으로 발달한 변혁과정의 한 계기")가 이미 나타났다고 말합니다. "공업학교(polytechnische Schulen)와 농업학교(agronomische Schulen), 그리고 '직업학교들'(écoles d'enseignement professionnel)"을 보고 한 말입니다.[김, 658; 강, 651] 마르크스는 왜 이 학교들을 '변혁과정의 한 계기'라고 말했을까요. 나는 '노동자'와 '기계'의 관계 때문이라고 봅니다. 마르크스는 우리가 이번에 다룬 『자본』 제13장에서 내내 기계와 노동자의 적대적 관계에 대해 말해왔습니다. 자본주의적으로 사용되는 한 기계는 노동자들을 큰 고통에 빠뜨렸습니다. 노동자들은 이에 맞서 기계와 전쟁을 벌였고요. 그런데 '학교'는 다릅니다. "여기서는 노동자의 자녀들이 기술학을 배우고 각종 생산기구들의 실제 사용법에 대한 약간의 교육이 행해진다."[김, 658; 강, 651]

단지 취업을 준비하는 과정으로만 파악했다면 마르크스가 이들 학교에 대해 '변혁의 계기'라는 표현까지 쓰지는 않았겠지요. 나는 "노동자의 자녀들"(Kinder der Arbeiter)이라는 말에 의미를 부여하고 싶습니다. '노동자의 자녀들'은 노동자계급의 미래입니다. 이들이 기계의 원리를 이해하고 사용법을 익히는 것은 왜 중요한가. 그것은 노동자의 미래와 기계의 미래가 겹쳐지는 첫걸음이기 때문입니다. 노동자의 자녀들이 기계를 다룰 줄 안다는 것, 기계와 사귀기 시작했다는 것은 마르크스에게 중요한 의미를 갖습니다. 이 책의 끄트머리에서 다시 이야기하겠지만 마르크스는 기계와 노동자의 결합(연대)을 통해 자본주의를 넘어설 수 있기를, 그리고 기계가 노동자를 더 자유로운 존재로 만들어주는 생산형태가 만들어지기를 희망합니다. 이 점에서 기술 교육은 특별한 의미를 갖습니다. "자본으로부터 쟁취해낸 최초의 빈약한 양보인 공장법은 단지 초등교육만을 공장노동과 결합시킨 것에 불과하지만, 노동자계급이 앞으로 정치적 권력을 장악할 경우—이것은 피할 수 없는 일인데—이론적이면서 실천적인 기술 교육이 노동자 학교에서 중요한 자리를 차지할 것은 의심의 여지가 없다." [김, 658; 강, 651]

그런 미래를 생각한다면 마르크스가 공업학교, 농업학교, 직업학교 등에 부여한 중요성을 이해할 수 있다고 봅니다. 이들 학교는 노동자와 기계의 새로운 관계를 숙성시킬 수 있는, 마르크스의 표현을 빌리자면, '변혁의 효소들'(Umwälzungsfermenten)이라고 할 수 있지요.[김, 658; 강, 651] 마르크스는 이 기술학교들이 지향하는 바가 결국에 자본주의적 생산형태와도 모순될 것이라고 봅니다.

미래는 미래에 시작되지 않습니다. 마르크스는 현재의 형태에서 자라난 것, 현재의 형태에서 강화되고 있는 것이 역설적이게도 현재의 형태를 해체하고 현재와는 다른 미래를 도래케 하는 데 이용될 수 있다고 봅니다. 이것이 마르크스의 독해 방법이지요. 공장법의 교육 조항에서 그 조짐을 읽었고, 대공업 시대에 생겨난 기술학교들에서 그 조짐을 읽었습니다. 기계제 대공업은 최소한 낡은 분업에 대해 콧방귀를 뀌게 해주었습니다. 수공업 시대는 대단한 지혜라도 되는 양 노동자들을 이렇게 훈계했습니다. "제화공이여, 네 본분을 지켜라!" 그런데 시계공이었던 와트가 증기기관을 만들고 이발사였던 아크라이트가 방적기를 만들고, 보석공이었던 풀턴이 기선을 발명한 뒤부터 사람들은 이렇게 대구할 수 있게 되었지요. 본분을 지키라고? 이 무슨 구닥다리 같은 소리인가![김, 658; 강, 651]

◦ 가부장제 해체와 가족의 미래

교육에 대한 이야기가 좀 길었습니다. 공장법에 대한 마르크스의 독해 방법은 다른 조항에서도 확인이 되는데요. 공장법이 대공장의 노동일을 규제하는 것은 노동자에 대한 자본의 착취를 제한하는 것이지요. 그런데 공장법의 일반화로 가내공장에 대한 규제가 시작되었지요. 여기에는 노동자에 대한 착취 이상의 또 다른 의미가 있을 수 있습니다. 가내공장은 자본가와 노동자의 관계만이 아니라 부모와 자식의 관계도 담고 있으니까요. 즉 자본가가 노동자를 착취하는 것만큼이나 부모가 자식을 착취하는 일이 벌어지는 곳이지요.

꼭 이런 경우가 아니라 하더라도 마르크스는 기계제 대공업 시대로 들어서면서 가부장이 "노예상인"으로 전락했다는 말을 했습니다. 먹고살기 위해 아이들의 노동력을 자본가에게 싼값에 팔아넘겼다고요. 기계제 대공업과 더불어 노동자 가정이 파괴된 셈입니다. 자본관계가 가정 안으로까지 들어왔으니까요. 의회는 결국 이런 현실을 인정할 수밖에 없었습니다. 아이들에 대한 부모의 친권을 절대로 보장해줘서는 안 된다는 거죠. "그래서 아동의 권리를 선언할 수밖에 없었"습니다.[김, 659; 강, 652] 공장법은 어린 노동자들의 노동시간을 규제했고 지하 탄광 같은 곳에서는 아예 일을 할 수 없도록 했지요.

물론 마르크스는 어린 노동자들에 대한 착취가 친권의 남용 때문에 생겨난 것이라고만 보지는 않습니다. 오히려 반대 측면이 강하지요. 즉 자본주의적 착취 방식이 변하면서 가부장의 경제적 지위가 크게 흔들렸고 이 때문에 어린아이들의 노동력을 팔아치우는 친권의 남용이 나타났다는 거죠.[김, 660; 강, 652~653] 아동노동의 착취와 관련된 친권의 남용은 원인이라기보다는 결과에 가깝습니다.

그런데 마르크스는 여기서는 이 문제를 앞서 다룬 것과는 조금 다른 방식으로 접근합니다. 기계제 대공업의 출현과 더불어 노동자 가정이 붕괴되었다는 식으로 고발만 하는 게 아닙니다. 오히려 이 붕괴에서 가족의 미래 혹은 미래의 가족 형태에 대한 단서를 찾아보려고 합니다. 여성노동과 아동노동을 단순히 착취재료의 확대라는 점에서 접근하지 않고, 여성과 아이 들의 사회활동의 증대라는 점에서 생각해보는 거죠(물론 자본주의에서는 이것이 착취의 증대를 의미하지만요). 이것은 남성 가부장이 가족을 대표하고 여성과 아이 들을 자신이 지배하는 가족의 좁은 틀 안에 가두는, 그런 가족형태와 충돌하게 됩니다. 말하자면 대공업은 "가족과 남녀관계의 더 고차적 형태를 위한 새로운 경제적 기초를 만들어"낸다는 겁니다. [김, 660; 강, 653]

그뿐 아니라 마르크스는 근대 서구의 가족형태가 절대적인 것일 수 없다고 말합니다. "기독교 게르만적 가족형태를 절대적으로 간주하는 것은 고대 로마적 형태나 고대 그리스적 형태 혹은 동양적 형태를 그렇게 간주하는 것만큼이나 어리석은 짓이다."[김, 660; 강, 653] 과거의 가족형태들이 역사 속에서 생겨나고 사라진 것처럼 근대 서구의 가족형태도 동일한 운명을 가진 역사적 형태일 뿐입니다.

사실 '아빠-엄마-아이'로만 이루어진 가족형태는 가족의 원형적 형태도 아니고 최종 형태도 아닙니다. 우리 주변에서는 이미 새로운 형태의 가족이 많이 등장했습니다. 동성 간에 결혼을 해서 가정을 꾸리는 경우도 있고, 결혼하지 않은 채로 동거하는 가정들도 있습니다. 혼자인 부모들이 모여 아이들을 같이 키우는 집단가정도 있고요. 1인가정도 많지요. 어떤 형태가 진정한 가족형태냐고 묻는 것은 이제 이상한 질문입니다.

기계제 공장의 작업방식과 관련해서도 마르크스는 성별이나 연령 등의 권력관계를 넘어설 수 있는 작업 공동체의 가능성을 찾아보려고 노력합니다. 그는 생산과정에 여성과 아이가 들어오는 것, 다시 말해 생산에 남녀노소가 함께 어울리는 것은 "자연발생적이고 야만적인 자본주의적 형태에서는 황폐화와 노예화를 낳는 페스트균 가득한 원천이 되지만, 적절한 관계들 아래서는 반대로 인간 발전의 원천이 될 것임에 틀림없다"라고 말합니다.[김, 660; 강, 653]

마르크스가 "적절한 관계들 아래서"라는 표현을 썼는데요. 그에 따르면 자본주의에서 여성과 아동의 참여가 야만의 원천이 된 것은 "생산과정이 노동자를 위해 존재하는 게 아니라 노동자가 생산과정을 위해 존재"하기 때문입니다.[김, 660; 강, 653] 더 근본적으로는 여성과 아동의 생산참여가 비용절감, 다시 말해 이윤 창출을 위한 것이기 때문이지요. 여성과 아동을 착취가 쉬운 값싼 재료로 본 것이지요. 하지만 이런게 아니라면 남녀노소가 함께 어울리는 것은 인간의 발전에 큰 도움이 됩니다(생산만이 아니라 교육에도 그렇습니다). 지성과 감성, 경험이 다른 존재들이 함께 어울리는 거니까요.

거듭 말하지만, 마르크스는 현재의 자본주의를 고발하면서 과거로 돌아가자고 말하는 사람이 아닙니다. 현재 속에서 '현재를 넘어서는 것'이 자라나고 있음을 보는 사람이지요. 물론 그것을 낙관하는 사람은 아닙니다. 어떤 점에서 보면 이 끔찍한 현재가, 그가 기대하는 미래로 나아갈 가능성은 매우 낮을 수 있습니다. 시간이 한없이 걸릴 수도 있고요. 마르크스는 그런 것을 점치는 사람이 아닙니다. 다만 그는 현재에 들어와 있는 미래의 흔적을 찾고 조짐을 찾을 뿐입니다. 조금 더 이야기한다면, 현재 속에서 커지는 것, 현재의 사회형태, 현재의 생산양식이 발전시킬 수밖에 없는 것에서 현재를 넘어설 요소를 찾는 거죠.

공장법을 다룬 제9절의 마지막 부분에서 마르크스는 이 점을 다시 한번 강조합니다. 마르크스는 여기서 공장법의 일반화는 자본축적을 촉진하면서 동시에 생산의 자본주의적 형태를 해체할 모순과 적대를 키우고 새로운 사회를 형성할 요소들 또한 성숙시킨다는 점을 부각합니다.[김, 679; 강, 670] 그리고 마지막에 오언에 대한 흥미로운 주석을 달아두었습니다. 이 주석은 사회변혁에 대한 오언의 생각을 설명한 것이지만 마르크스 자신의 생각을 보여주는 것이기도 합니다. "협동조합 공장과 협동조합 상점의 아버지인 로버트 오언은 이 고립적으로 서로 떨어져 있는 변혁의 요소들이 가진 영향력에 대해 그의 추종자들이 품었던 환상을 결코 갖지 않았으며, 실제로 실천적으로 공장제를 출발점으로 삼았을 뿐 아니라 이론적으로도 공장제를 사회혁명의 출발점이라고 선언하였다."[김, 679, 각주 243; 강, 670, 각주 322] 오언은 미래에 대해 환상을 품지 않았고 과거 수공업 시대로 돌아갈 생각도 하지 않았습니다. 다만 현재의 생산양식 속에 자라고 있는 변혁의 요소—설령 매우 미약한 것일지라도—들을 발견하고 그것들을 키워나가기 위해 최선을 다했을 뿐이지요.

○ 자본의 꿈이 기계의 꿈은 아니다

이렇게 해서 『자본』 제13장의 '기계와 대공업'에 대한 이야기가 모두 끝났습니다. 우리는 기계의 자본주의적 사용이 이루어진 배경과 그 영향, 그것이 품고 있는 가능성을 두루 살펴보았습니다. 이제 책을 마치며 '기분 전환을 위하여', 자본주의가 아닌 다른 사회형태에서는 기계가 무엇이 될 수 있을지를 생각해볼까 합니다. 자본가의 충실한 노예였던 기계가 노동자의 친구가 된다면 어떤 일이 펼쳐질까요.

마르크스는 『정치경제학 비판 요강』에서 흥미로운 말을 했습니다. "기계가 고정자본의 사용가치에 가장 잘 부응하는 형태라는 점으로부터 자본의 사회적 관계로의 포섭이 이 기계의 사용을 위해 가장 적절하고 좋은 사회적 생산관계라는 결론이 도출되는 것은 결코 아니다."[55] 자본가들이 기계에서 고정자본의 이상적 형태를 발견한다고 해서, 기계의 자본주의적 사용이, 기계를 사용하는 가장 이상적인 형태인 것은 아니라는 말입니다. 나는 이렇게 바꾸어 말하고 싶습니다. 자본가가 기계 속에서 자신의 이상을 발견한다고 해서 기계의 이상이 자본주의인 것은 아니다.

만약 기계가 자본주의적으로 사용되지 않을 수 있다면 어떻게 될까요. 기계가 상품이기를 멈추고 자본(고정자본, 불변자본)이기를 멈춘다고 해서 그 작동까지 멈추는 것은 아닙니다. 기계는 생산에 필요한 노동량을 크게 감축할 겁니다. 자본주의에서는 이것이 고통의 원인이었지요. 공장에서 축출되는 노동자는 길바닥에 나앉았고, 공장에 머문 노동자들은 노동일 연장과 노동강도 강화에 시달렸으니까요. 그러나 생산력 증대가 그 자체로 고통의 이유일 수는 없습니다. 자본주의가 아니라면 생산에 필요한 노동량이 줄었다는 것은 사람들이 그만큼 일을 할 필요가 없다는 뜻입니다. 그러니 오히려 '노동해방의 조건'이라고 할 수 있지요.[56]

기계제 대공업의 발전은 과학기술과 예술의 중요성을 부각하는데요. 기계를 발명하거나 개량할 때도 그렇고 작동시킬 때도 과학적 능력이나 예술적 능력이 중요해집니다. 부의 창조가 "과학의 전반적 상태, 기술의 진보, 생산에 대한 과학의 적용"과 더불어 "직접노동 시간에 비례하지 않는 담당자들(Agentien)의 능력에 의존"하게 되지요.[57] 직접적 형태의 노동, 특히 노동시간의 길이 자체는 갈수록 덜 중요해집니다.

물론 자본주의가 유지되는 한, 다시 말해 이 사회가 노동자들의 잉여노동으로 가치를 증식해가는 사회인 한 여기에는 한계가 있습니다. 생산에 필요한 노동시간이 단축되고 직접

노동의 중요성이 줄어든다고 해도, 자본가가 굳이 노동자의 노동일이나 노동강도를 줄여줄 이유가 없습니다. 새로운 기계의 발명과 개량은 소수의 과학기술자와 디자이너만으로도 충분합니다. 자본은 기존의 축적된 노동(죽은 노동)으로 더 많은 노동(살아 있는 노동)을 빨아들이며 자신을 키워가는 존재입니다. 필요노동을 줄여서 창출한 잉여노동을 새로운 노동을 흡수하는 권력으로 사용하지요.

그런데 자본주의가 아니라면 어떨까요. 생산에 필요한 사회적 노동시간이 전체적으로 줄어들었는데 굳이 오래 일할 필요가 있을까요. 오히려 기계제 생산이 창출해준 '자유로운 시간'과 '풍부한 수단'을 이용해 과학적 지식이나 예술적 소양을 기르는 쪽으로 가겠지요.[58] 자본주의에서도 비슷한 일이 나타나기는 합니다. 생산력이 기계만큼이나, 기계를 개발하고 혁신하며 운용하는 인간의 능력에 달려 있다는 점이 부각되면서 '인적자본'(人的資本) 개념 같은 것이 나타납니다. 오늘날 자본주의에서는 인간을 대단한 생산력을 가진 고정자본처럼 다룹니다. 기계에 투자하는 것처럼 사람에게도 투자해야 한다는 이야기가 나오지요. 그래서 선진 업종의 노동자들에게는 노동하지 않는 시간에 능력을 개발할 것을 요청합니다. 자유시간을 자본가를 위해 능력을 개발하는 시간, 일종의 '준노동시간'(상품개발 시간)으로 만드는 거죠. 이처럼 사회형태가 어떻게 되느냐에 따라 똑같은 것이 정반대로 기능할 수 있습니다. 결국 문제는 전도이고 반전입니다.

자본주의에서는 필요노동시간의 감소를 잉여노동시간 (잉여가치)의 상대적 비중을 늘리는 데 이용합니다. 기계를 타인의 잉여노동을 더 많이 차지하는 수단으로 씁니다. 그런데 노동자들 자신이 이 잉여노동시간을 차지하는 사회라면 어떨까요. 다시 말해 잉여노동시간이 자본가의 것이 아니라 노동자들의 것이라면요. 마르크스는 말합니다. 그렇게 된다면 "더는 노동시간이 아니라 가처분시간이 부의 척도"가 된다고.[59] 한 사회가 얼마나 풍족한지를 사람들이 얼마나 많이 일하느냐로 재지 않고 얼마나 적게 일하느냐, 다시 말해 사람들의 자유시간이 얼마인가로 잰다는 거죠.

　　이런 사회에서는 노동시간과 자유시간의 대립도 점차 허물어집니다. 기계를 통한 생산력 증대는 노동시간을 줄여주는 동시에 다양한 물건을 다양한 방식으로 향유할 수 있도록 해줍니다. 달리 말하면 개인들은 늘어난 자유시간 동안 더 많은 것을 체험하고 더 많은 능력을 발전시킬 수 있지요. 개인들의 능력 자체가 커지는 겁니다. 자유시간이 새로운 주체성을 생산하는 시간이 되는 거죠.[60]

　　자유시간만 새로운 주체성의 생산에 관여하는 게 아닙니다. 노동시간 즉 직접적 생산과정도 주체성의 생산에 관여합니다. 자유시간을 통해 더 큰 생산력을 갖게 된 개인은 생산과정에서 그 능력을 발휘할 겁니다. 그런데 마르크스는 이때의 노동이 "유희"(Spiel)가 되지는 않을 것이라고 했습니다. 직접적 생산과정은 새로운 주체가 되어가는 인간, 즉 "생성 중인 인간"(werdenden Menschen)에게는 일종의 "단련"(Disziplin)과 정일 것이고, 이미 사회의 축적된 지식을 가진 "생성된 인간" (gewordnen Menschen)에게는 "실행"이자 "실험과학"이고 "물질을 창조하고 표현하는 과학"일 것이라고 했지요.[61] 개인들은 직접적 생산과정에서 연습을 통해 자신을 훈련시키고 실험하고 실행하고 표현한다는 겁니다. 이런 식으로 새로운 자신을 만들어가는 거죠.

이것은 자본주의를 전제하지 않을 때 우리가 그려볼 수 있는 미래입니다만 자본주의의 발전과 더불어 커가는 미래이기도 합니다. 자본주의는 더 발전하기 위해 이런 요소들을 요청하고 발전시켜갑니다. 『정치경제학 비판 요강』에서 마르크스는 결국 부르주아 경제체제가 발전의 마지막 결과로서 자신의 부정에 도달할 것이라고 했습니다[62](이 책은 마르크스가 헤겔『논리학』의 체계를 따라 써본 것임에 유념해야 합니다. 『다시 자본을 읽자』, 131~132쪽). 그러나 미래가 논리적 전개에 따라 그렇게 자동으로 도래하는 것은 아닙니다. 그저 기다리면 되는 일이 아니지요. 앞서 마르크스의 방법과 관련해서도 말했지만, 우리는 현재 속에서 자라나는 미래의 요소들을 적극적으로 찾아내야 합니다. 그 요소들의 작동방식을 정반대로 만들 수 있는 방법을 찾아야지요. 현재의 생산양식이 키우고 강화하는 것을 현재의 생산양식을 해체하는 무기로 사용하는 법을 알아내야 합니다.

∘ 잘 파냈다, 노련한 두더지여!

나는 이번 책을 시작하면서 마르크스가 행한 연설의 한 대목을 소개했습니다. 마르크스가 기계를 "바르베, 라스파이유, 블랑키보다도 더 위험한 혁명가들"이라고 불렀다고요. 다시 이 연설로 돌아가 책을 마무리할까 합니다. 이 연설은 마르크스가 1856년 4월 『인민신문』*The People's Paper*의 창간 4주년 행사에서 행한 것입니다.[63]

마르크스는 연설의 대부분을 기계제 대공업에 할애했습니다. 그는 먼저 기계제 대공업이 만들어낸 노동자들의 암울한 현실을 그렸습니다. 인간노동을 단축시키고 더 많은 물건을 만들어낼 힘을 가진 기계가 인간노동을 약하게 만들고 과잉노동을 만들어내고 있다고. 부의 원천일 수 있는 기계가 '신기하고 불가사의한 어떤 주문에 의해' 궁핍의 원천이 되어버렸다고. 인류로 하여금 자연을 정복하게 해준 기계가 인간들을 다른 인간들의 노예로 만들고 있다고. 인간지성의 산물인 기계가 인간에게서 지성을 빼앗고 그것을 물질적 힘으로 만들고 있다고. 한편에는 거대한 생산력이 있고 다른 한편에는 거대한 빈곤이 있다고.

"어떤 당파들은 이 사실에 대해 비탄할지도 모릅니다. 또 어떤 당파들은 현대의 충돌들을 제거하기 위해 현대의 기술들을 제거하기를 원할지도 모릅니다. … [그러나] 우리로 말하자면, 우리는 이러한 모순들에 언제나 그 흔적을 남기는 기민한 정신의 모습을 놓치는 일이 없습니다. 우리는 사회의 새로운 힘이 새로운 인간들, 그러니까 노동자들에 의해 다루어 지기만 하면 된다는 것을 알고 있습니다. 이들은 기계와 마찬 가지로 현대의 발명품입니다."[64]

마르크스의 말에서는 어떤 안타까움이 묻어납니다. 기계 와 기계노동자는 함께 태어난 존재입니다. 똑같이 현대의 자 식들이지요. 그러나 아직 그것을 알아보지 못하고 있습니다. 『자본』의 한 단락에서 말한 것처럼, 노동자가 기계를 공격하 는 것으로부터 기계 사용을 공격하는 것으로 옮겨 가려면 시 간과 경험이 더 필요합니다.[김, 580; 강, 577]

하지만 예리한 눈은 기계에서 표식을 봅니다. 어떤 "기 민한 정신"(shrewd spirit)이 "흔적"을 남겼거든요. 그 눈은 미 래의 공병, 혁명의 공병이 다녀갔다는 것을 알아봅니다. 이 경 우에는 '흔적'보다 '조짐'(signs)이라는 말이 더 좋겠습니다. 미래가 현재에 남긴 흔적, 현재 속에서 미래를 알아보게 하는 것을 '조짐'이라고 부르니까요. "우리는 중간계급, 귀족, 불행 한 퇴보의 예언자들을 혼란에 빠뜨리는 조짐들 속에서 우리 의 용감한 친구 로빈 굿펠로, 아주 재빨리 땅속을 파헤칠 수 있는 노련한 두더지, 훌륭한 공병을 알아봅니다. 혁명 말입니 다."[65]

노련한 두더지(old mole), 훌륭한 공병(worthy pioneer). 이 것은 햄릿이 쓴 말입니다. 햄릿이 아버지 유령을 만난 뒤 복수 를 다짐하면서 호레이쇼 등에게 비밀을 지킬 것을 맹세하라 고 할 때 땅속 여기저기서 "맹세하라"라는 말이 울려 퍼집니다. 이때 햄릿이 말합니다. "잘 말했다, 노련한 두더지여. 땅을 어쩜 그리 빨리 파낼 수 있는가? 참 대단한 공병일세!"[66]

마르크스는 『루이 보나파르트의 브뤼메르 18일』에서도 이 두더지를 언급했습니다. 당시 프랑스의 정세는 혁명이 계속 퇴보하는 것처럼 보였을 때인데요. 실은 퇴보하는 게 아니라 도약을 위해 뒤로 물러서는 것, 더 강해지기 위해 지옥 속에서 단련되는 중이었다는 식으로 말합니다. 혁명은 두더지처럼 땅을 파며 나아갑니다. 그러다가 어느 때에 땅 위로 고개를 쳐들고 올라오지요. 그때가 되면 "유럽은 자리를 박차고 일어나 이렇게 환호할 것이다: 잘 파냈다, 노련한 두더지여!" 마르크스는 그렇게 말했습니다.[67]

아직 그때는 오지 않았습니다. 그때가 언제 온다는 보장도 없습니다. 다만 예리한 눈은 그 흔적을, 그 조짐을 볼 수 있을 뿐입니다. 미래의 공병이 땅을 파낸 흔적 말입니다. 자본의 노예인 기계는 언제든 자본을 배반할 준비가 되어 있습니다. 기계는 혁명의 동지가 될 준비가 되어 있습니다. 우리가 그 신호를 알아차리기만 한다면 말입니다.

참, 마르크스의 연설은 복수를 나타내는 비밀 표식에 대한 이야기로 끝이 납니다. "지배계급의 악행에 복수하기 위해 중세 독일에는 '펨게리히트'(Vehmgericht)라고 불리는 비밀 재판소가 있었습니다. 어느 집에 붉은 십자가가 새겨진 것이 보이면 사람들은 그 집주인이 '펨'에 의해 선고받았다는 것을 알 수 있었습니다. 유럽의 모든 집들에는 지금 신비로운 붉은

십자가가 새겨져 있습니다. 역사가 그 재판관입니다. 집행자
는 프롤레타리아이고요."[68]

부록노트

I──마르크스와 다윈

『자본』을 읽다 보면 생물학자 찰스 다윈(Charles Darwin)에 대한 언급이 몇 차례 나옵니다. 마르크스와 다윈은 동시대인이었고 사는 곳도 그리 멀지 않았습니다.[69] 다윈의 『종의 기원』이 출간되자 마르크스와 동료들도 이 책을 읽었습니다. 두말할 것 없이 아주 강한 인상을 받았지요. 한 전기 작가에 따르면 "마르크스와 친구들은 수개월 동안 다윈과 과학의 혁명적 힘에 대해 이야기했다"라고 합니다.[70]

○두 사람──마르크스가 다윈의 『종의 기원』을 얼마나 높이 평가했는지는 엥겔스에게 보낸 편지에서 잘 드러납니다. "영국식으로 투박하게 전개되고는 있지만 이 책은 자연사의 영역에서 우리의 관점에 토대를 제공해주었네."[71] 그 한 해 뒤에는 페르디난트 라살레(Ferdinand Lasselle)에게 편지를 보내 "다윈의 책은 매우 의미가 있으며 내가 볼 때는 역사적 계급투쟁의 자연과학적 기초로 보인다"라고도 했습니다.[72] 마르크스는 자연의 영역에서 다윈이 발견한 많은 사실들이 그 자신이 사회와 역사에서 발견한 사실들과 통한다고 생각했던 것 같습니다. 마르크스의 장례식에서 엥겔스가 한 말은 이런 둘의 관계를 압축해서 보여줍니다. 엥겔스는 사람들에게 말했습니다. "다윈이 생물의 발전법칙을 발견한 것처럼, 마르크스는

인류 역사의 발전법칙을 발견했습니다."[73]

두 사람은 생전에 짧은 서신을 직접 주고받은 적도 있습니다. 1873년 가을에 마르크스는 다윈에게 『자본』 I권을 증정했는데요. 그 안에 '카를 마르크스가 존경하는 찰스 다윈 씨에게'라는 짧은 헌사를 적었습니다. 곧바로 다윈의 답장을 받았지요. "영광스럽게도 자본에 대한 선생의 훌륭한 저서를 보내주셔서 감사합니다. 내가 정치경제학이라는 심오하고 중요한 주제에 대해 좀 더 이해력을 갖춤으로써 그 책을 받을 만한 자격을 제대로 갖추었다면 좋았을 것이라는 마음이 간절합니다. 우리의 연구는 매우 다르지만, 우리 둘 다 지식의 확대를 진지하게 바라고 있으며, 또 이것이 결국 인류의 행복 증진에 기여할 것이라고 믿습니다."[74]

여담입니다만, 다윈에 대한 마르크스의 우호적 평가를 배경으로 어떤 잘못된 정보가 사실인 양 퍼져나갔는데요. 마르크스가 『자본』을 다윈에게 헌정하려 했다는 것이지요. 마르크스의 문서고에서 발견된 다윈의 또 다른 편지가 결정적 역할을 했습니다. 이 편지를 보면 다윈은 어떤 제안을 담은 편지와 함께 무언가를 전달받았습니다. 그는 그 편지에서 '동봉된 것'에 대해 감사를 표하면서도 제안에 대해서는 정중히 거절했습니다. "내 글에 대한 선생의 언급을 어떤 형태로 발표하든 나의 동의는 필요하지 않"지만, "그 부분 또는 그 권이 나에게 헌정되지 않기를 바라며", "나에게 영광을 베풀어주시려는 의도에는 감사하지만, 그렇게 되면 내가 전혀 알지도 못하는 출간물 전체를 내가 어느 정도 승인했다는 뜻이 되기 때문에 거절할 수밖에 없습니다."[75]

다윈이 편지를 보낸 날짜가 1880년 10월 13일이니 마르크스 생전에 쓴 것이지요. 그리고 마르크스의 문서고에서 나왔기 때문에 사람들은 마르크스를 이 편지의 수신인으로 간주했습니다. 그래서 다윈에게 보내졌던 편지에 "동봉된 것"을 『자본』 원고라고 믿었고, "헌정되지 않기를 바란다"라는 말을 근거로 마르크스가 『자본』을 애초 다윈에게 헌정하려 했으나 거절당한 것이라고 했습니다[참고로 이 편지가 일으킨 소동에 대해서는 프랜시스 윈(Francis Wheen)이 쓴 『마르크스 평전』에 자세히 소개되어 있습니다[76]].

윈에 따르면 저명한 역사학자이자 마르크스 평전을 쓴 아이제이아 벌린(Isaiah Berlin)이 이런 주장을 내놓았는데요. 벌린은 『자본』의 제1독일어판이 애초 다윈에게 헌정될 것이었는데 다윈이 정중하게 사양했다고 주장했습니다. 그러나 이 편지는 1880년 10월의 것이고, 『자본』 초판은 1867년에 나왔으며 이미 친구인 빌헬름 볼프에게 헌정되었습니다. 누구에게 헌정한다는 문구까지 새기고 1867년에 출간된 책의 원고를 1880년에 보내 헌정하겠다고 말한다는 건 있을 수 없는 이야기지요. 이 때문에 벌린의 제자이자 역시 마르크스 평전을 집필한 데이비드 맥렐런(David McLellan)은 마르크스가 『자본』 I권이 아니라 II권을 헌정하려 한 것 같다고 했습니다. 그러나 마르크스가 1880년에 『자본』 II권 원고를 다윈에게 보냈다는 것도 있을 수 없는 일입니다. 마르크스는 생전에 그 원고를 완성하지도 못했으니까요.『자본』II권 원고는 엥겔스의 편집을 거쳐 마르크스가 죽은 이듬해(1884)에야 세상에 나왔습니다.

그럼 마르크스는 다윈에게 무엇을 보냈고 무슨 제안을 했던 걸까요. 사실 이 편지는 마르크스의 문서고에서 발견되기는 했지만 마르크스에게 온 것이 아닙니다. 정황상 마르크스의 셋째 사위인 에드워드 B. 에이블링(Edward B. Aveling)에게 보낸 것이 거의 틀림없습니다. 그 무렵 에이블링은 학생들에게 진화론을 쉽게 설명하는『학생들의 다윈』*The Student's Darwin*(1881)이라는 책을 펴냈는데요. 여기에 다윈의 글을 인용하는 것에 대한 허락을 구하고, 이 책을 다윈에게 헌정하고 싶었던 모양입니다(이 책은 '국제 과학과 자유사상 문고'라는 이름의 총서의 제2권이었는데요. 책임 편집자가 유명한 무신론자였습니다. 다윈으로서는 이 총서에 자기 이름을 넣기가 부담스러웠을 겁니다). 에이블링은 실제로 1873년에 자신이 다윈과 서신 교환을 했다는 기록도 남겼지요. 아내와 함께 마르크스의 원고들을 정리하던 중 문제의 편지가 이 원고 더미에 함께 들어갔나 봅니다. 그러니까 다윈이 거절한 제안의 당사자는 마르크스가 아니라 에이블링이었고, 다윈이 헌정받기를 거절한 책도『자본』이 아니라『학생들의 다윈』이었던 셈이지요.

그건 그렇고, 다윈은 마르크스가 보낸『자본』을 읽었을까요. 윈에 따르면 다윈의 서가에 있는『자본』을 보면 전체

822쪽 중 앞부분 105쪽까지만 읽은 듯한 흔적이 있답니다.[77] 아마도 읽다가 중단한 것이겠지요. 마르크스가 조금 어렵다고 경고했던 가치형태에 관한 절들에서 그도 포기하고 만 걸까요. 그에게는 『자본』이 너무 어려웠거나 재미가 없었던 모양입니다.

○자연의 역사와 인간의 역사── 앞서 말한 것처럼 마르크스는 다윈을 읽고 "자연사의 영역에서 우리의 관점에 토대를 제공해준다"라고 썼습니다. 실제로 마르크스는 다윈이 자연의 역사에 적용한 방법이 사회와 역사에도 적용될 수 있는 것처럼 말했습니다. 『자본』에서도 이런 뉘앙스의 문장들을 찾아볼 수 있습니다.

먼저 눈에 띄는 것은 마르크스가 사회구성체의 역사를 자연의 역사에 견준 부분입니다. 그는 『자본』의 초판 서문에서 이렇게 말합니다. "나는 다른 누구보다도 경제적 사회구성체의 발전을 하나의 자연사적 과정으로 파악하고 있다."[김, 6; 강, 47] 그는 실제로 사회형태나 생산양식을 '생산유기체'(Produktionsorganismus)라고도 불렀습니다(제1장에서 비자본주의적 생산양식을 언급할 때도 그랬고, 제13장에서 '기계제 대공업'을 그렇게 부르기도 했습니다[김, 521; 강, 523~524]). 그가 자신의 방법을 정확히 묘사했다며 인용한 카우프만에 따르면, 마르크스는 '사회적 유기체들'을 '식물이나 동물 같은 유기체를 구분할 때처럼' 구분합니다. 카우프만은 마르크스의 방법을 설명하면서 "경제생활은 생물학에서 말하는 진화의 역사와 비슷한 현상을 우리에게 보여준다"라고 했습니다.[김, 18; 강, 59].

또한 마르크스는 노동수단을 통해 과거의 경제적 사회구성체를 이해하는 것을 생물학자가 멸종된 동물의 유골구조를 살펴보는 일에 비유하기도 했습니다.[김, 240; 강, 268~269] '무엇을' 만들었는가가 아니라 '무엇으로' 만들었는가, 즉 어떤 노동수단을 썼는가에 따라 각 경제 시대를 구분해볼 수 있다는 거죠. 생물학자가 동물의 유골구조를 보고는 그 동물의 신체조직을 추론해내는 것처럼 마르크스는 노동수단을 통해 노동력의 발전수준은 물론이고 그 시대의 사회적 관계도 어느 정도 알아낼 수 있다고 말합니다.

그뿐 아니라 마르크스는 사회구성체(사회적 편제)가 바뀌면 동일한 요소가 전혀 다른 기능을 수행하게 된다는 점을 강조했는데요. 이 역시 유기체의 전체 구조에 변화가 오면 각 기관이 수행하는 기능이 달라진다는 생물학자들의 생각과 통합니다(『다시 자본을 읽자』, 88~90쪽, 『성부와 성자』, 28~29쪽). 똑같은 기관, 이를테면 똑같은 앞다리라고 해도 새의 날개와 사람의 손, 고래의 지느러미는 전혀 다른 기능을 수행하지요. 마찬가지로 사회구성체가 달라지면 동일한 사물도 전혀 다른 법칙의 지배를 받고 전혀 다른 기능을 수행합니다.

하지만 여기까지입니다. 마르크스가 다윈의 방법에 깊은 인상을 받은 것은 사실이지만, 그는 인간의 역사와 자연의 역사를 혼동하면 안 된다는 점 또한 분명히 했습니다. 자연은 환율이나 은행가를 낳지 않은 것처럼[78] 자본가와 노동자도 낳지 않았습니다. 자본가와 노동자의 관계는 "자연사적 관계도 아니며 또한 역사상의 모든 시대에 공통된 사회적 관계도 아니"라고 했지요(『성부와 성자』, 125쪽). 자연이나 본성으로부터 도출할 수 있는 게 아니라는 말입니다. 사실은 『자본』에서 다룬 모든 주제가 다 그렇지요. 노동생산물이 상품이 되는 것, 화폐가 자본이 되는 것, 노동력이 상품으로 나타난 것 등등은 특정한 역사적 조건(이를테면 노동대중의 신분 해방과 생산수단의 박탈 등)을 필요로 합니다. 역사적으로 산출된 이런 조건들을 알지 못한 채 인간의 자연적 본성에 기대어 어떤 주장을 편다면, 아무리 과학적 외관을 하고 있다 해도 신비한 형이상학이나 황당한 이데올로기가 될 뿐이지요.

○역사유물론자의 독해법──이와 관련해, 이번 책에서 우리가 함께 읽은 『자본』 제13장 '기계와 대공업'에는 흥미로운 주석이 하나 있습니다. 마르크스의 역사유물론이 일반적 진화론과 어떻게 다른지를 잘 보여주는 주석이지요.[79][김, 505, 각주 4; 강, 508, 각주 89] 논의 주제는 기술의 역사입니다. 우리는 인간 기술의 역사를 다윈처럼 다룰 수 있을까요.

　　마르크스는 동물과 식물들이 생존 도구인 기관들을 어떻게 형성해왔는지를 다루었다는 점에서 다윈의 작업을 "자연에서의 기술의 역사"(Geschichte der natürlichen Technologie)로

볼 수 있다고 말합니다. 그런데 다윈이 동물과 식물을 다루듯 누군가 '사회적 인간'이 형성해온 생산기관들의 역사를 다룬다면, 그리고 각 시대에 고유한 생산의 사회적 조직화(마르크스가 '생산유기체'라고 불렀던 것)를 가능케 했던 물질적 토대의 역사를 다룬다면 어떻게 될까요. 그는 자연에서 기술의 역사를 쓰듯 인간기술의 역사를 쓸 수 있을까요.

마르크스는 자연의 역사와 사회의 역사를 동일시하는 것을 비판합니다. 이 점에서 그는 17~18세기 이탈리아 철학자인 잠바티스타 비코(Giambattista Vico)의 생각에 동의하는데요. 비코는 『새로운 학문』*La Scienza Nuova*(1725)의 저자입니다. 그는 인간의 역사와 자연의 역사를 나누고, 학문의 목표를 신이 만든 자연이 아니라 인간이 만든 세계, 인간이 만든 현실에 대한 이해에 두었습니다. 인간은 인간이 만든 것에 대해 더 잘 알 수 있다고 했지요.

마르크스는 왜 비코의 생각, 즉 인간의 역사와 자연의 역사를 구분해야 한다는 데 동의했을까요. 나는 다음과 같은 이유가 아닐까 생각합니다.

첫째, 앞서도 말한 것처럼 인간의 역사를 자연의 역사와 혼동하면 현재의 생산방식이나 사회적 관계, 정신적 표상 등을 자연스러운 것, 본성에서 기인하는 것으로 간주할 수 있습니다. 게다가 진화론을 사회발전론에 결합시키면 현재의 사회형태를 역사상 가장 발전한 형태로 간주할 우려도 있지요. 더욱이 현재의 사회적 문제들 역시 자연 내지 본성에서 파생한 불가피한 문제들처럼 보이게 합니다.

대표적 예가 다윈에게도 적지 않은 영향을 미친 맬서스의 '인구론'이지요(『다시 자본을 읽자』, 56쪽). 맬서스는 빈곤의 원인을 '과잉인구' 탓으로 돌렸습니다. 가난을 생물학적 출산, 특히 가난한 사람들의 출산 탓으로 돌린 셈입니다. 자본주의에서 부의 생산이 어떻게 빈곤의 생산, 잉여인구(과잉노동인구)의 생산과 맞물리는지를 이해하지 못한 것이지요. 마르크스가 자본주의적 생산양식이나 사회형태에 대해 결코 자연사적인 것이 아니며 모든 시대에 공통된 것도 아니라는 점, 다시 말해 그것은 본성적인 것도, 필연적인 것도, 영원한 것도 아니라는 사실을 부각한 이유가 여기에 있습니다.

둘째, 마르크스는 비코의 말에서, 인간의 역사는 '인간이 만든 것'이라는 점에 주목합니다. 인간이 처한 현실 내지 환경을 '인간이 만든 것'이라는 관점에서 보는 것이지요. 이 점에서 '인간'과 '역사'의 관계는 다윈이 바라본 '개체'와 '환경'의 관계와 다릅니다. 다윈이 자연에서 주목한 것은 '적응'이지만 마르크스가 역사에서 주목한 것은 '생산'입니다. 인간역시 자신이 선택하지 않은 역사적 환경에 내던져져 있는 것은 사실입니다. 그의 삶은 그에게 주어진 전제 위에서 이루어집니다. 그러나 이 '주어진 전제'는 '본래적인' 것이 아니라 인간에 의해 '역사적으로' 산출된 것입니다. 말하자면 인간은 자신이 역사적으로 산출한 환경 속에 내던져져 있는 겁니다. 역사유물론의 시작을 알리는 중요한 저서인 『독일 이데올로기』

(1845)에서 마르크스는 이 점을 무척이나 강조했습니다. 그는 "개인들이 무엇인가는 그들의 생산, 즉 그들이 무엇을 생산하는가뿐 아니라 어떻게 생산하는가와 일치한다"라고 했습니다.[80] 달리 말하면 인간은 역사적 생산행위 속에서 자기 자신 또한 생산한다고 할 수 있지요.

마르크스가 포이어바흐와 결별한 이유도 여기에 있습니다. 마르크스는 눈앞에 있는 사물을 관찰하고 그에 대해 어떤 감각을 갖기 전에 그 사물이 특정한 역사적 사회형태에서 주어진 것이며 이 사물에 대한 감각 역시 인간이 실천적으로(능동적으로) 그리고 역사적으로 형성해온 것이라는 점을 이해시키려고 했지요. "심지어 가장 단순한 '감각적 확실성'의 대상들조차도 오직 사회적 발전을 통하여, 산업과 상업적 교류를 통하여 그에게 주어져 있다. 거의 모든 과일나무가 그런 것처럼 벚나무는 알다시피 겨우 몇 세기 전에야 비로소 상업을 통하여 우리들의 지역에 심어진 것으로, 어떤 특정한 시대의 어떤 특정한 사회의 이런 행동을 통해서야 비로소 포이어바흐의 '감각적 확실성'에 주어졌다."[81]

눈앞에 벚나무가 있습니다. 그것에 대해 우리는 감각합니다. 그러나 이 나무에 대한 감각은 영원한 것도, 본래적인 것도 아닙니다. 서유럽에서 그것은 그리 오래된 것도 아닙니다. 이 나무는 해외에서 수입된 상품이었으니까요. 이것을 이해하는 것이 역사유물론입니다. 우리 눈앞의 대상도, 그 대상에 대한 감각도 역사적으로 형성되어온 것임을 이해해야 한다는 겁니다. 사물의 의미와 기능을 역사적으로 산출된 사회적 편제 속에서 이해해야 하지요.

주석에서 마르크스는 "기술학(Technologie)은 자연에 대한 인간의 능동적(적극적, aktive) 관계[인간이 자연을 다루는 방식], 인간 자신의 삶의 직접적 생산과정을 드러내고, 그와 함께 인간 삶의 사회적 관계와 이로부터 생겨나는 정신적 표상들 또한 드러낸다"라고 썼습니다.[김, 505, 각주 4; 강, 508, 각주 89] 역사유물론이 어떤 것인지를 잘 보여주는 문장입니다. 각 시대의 기술, 이를테면 어떤 노동수단을 어떻게 생산했는지를 통해 역사유물론자는 그 시대 인간들이 자연을 대하는 방식, 자신들의 삶을 생산하는 과정, 그들 사이의 사회적 관계, 그들의 인식이나 믿음을 읽어냅니다. 역사적으로 만들어진 이런 편제, 이런 배치를 이해할 때만 우리는 그 편제를 이루는 각각의 요소들, 각각의 기관들이 어떤 기능을 수행하고 어떤 의미를 갖는지 알 수 있습니다.

이어서 마르크스는 이렇게 덧붙입니다. "사실 분석을 통해 종교적 환상의 현세적 핵심을 발견하는 것은 그 반대 방향 즉 매번 현실의 삶의 관계들로부터 그것의 종교적 형태들을 설명해내는 것보다 훨씬 쉽다. [그런데] 이 후자의 방법만이 유물론적 방법이며 과학적 방법이다."[김, 505, 각주 4; 강, 508, 각주 89] 종교적(내세적) 환상은 현세적 인간의 본성의 산물(혹은 본성이 뒤집힌 소외의 산물)이라고 선언하는 것은 역사유물론이 아닙니다. 역사유물론자는 각각의 시대, 각각의 사회의 편제 속에서, 왜 그런 종교적 형태들이 생겨났는지, 그것들은 어떻게 기능하는지를 설명해야 합니다. 그래서 자료들도 많이 모아야 하고 그것들을 세심하게 읽어야 합니다. 이런 역사적 편제에 대한 세심한 이해 없이 인간본성이 어떻다는 둥 종교의 본성이 어떻다는 둥 이야기를 늘어놓는다면 그건 한낱 이데올로기에 지나지 않습니다.

마르크스는 자연과학자들이 사회와 역사에 대해 함부로 발언할 때, 혹은 자연과학적 연구 성과에서 몇 가지 단편적 사실들을 들고 와서 사회와 역사를 함부로 규정할 때 그런 면을 느꼈던 것 같습니다. 그는 이렇게 말했으니까요. "역사적 과정을 배제하는 추상적·자연과학적 유물론의 결함은 그 대변인들이 자신들의 전문영역을 벗어나자마자 보여주는 추상적이고 이데올로기적인 견해에서 분명히 드러난다."[김, 505, 각주 4; 강, 508, 각주 89]

이 또한 여담입니다만, 마르크스는 엥겔스에게 보낸 편지에서 다윈의 연구에 대해 흥미로운 이야기를 하나 했습니다. "다윈이 짐승과 식물에서 분업과 경쟁, 새로운 시장 개척, '발명들', 맬서스적 '생존투쟁' 등으로 이루어진 영국 사회를 어떻게 재발견하는지 주목할 필요가 있네. 그것은 홉스의 '만인의 만인에 대한 투쟁'이고, 시민사회(부르주아사회)를 '정신적 동물왕국'(geistiges Tierreich)으로 그렸던 헤겔의 『정신현상학』을 떠올리게 하네. 다만 다윈의 경우에는 동물왕국을 시민사회(부르주아사회)로 그리고 있다고 할 수 있지."[82] 우리는 지금까지 자연의 역사를 인간의 역사에 곧바로 적용할 수 있는지에 대해 이야기했지만, 마르크스는 다윈의 연구에서 반대 방향의 냄새를 맡았습니다. 다윈은 자연을 보았다고 믿었지만 그가 본 것은 자연 자체라기보다는 당대의 영국에 가깝다는 거죠. 자연과학자가 자연을 어떻게 바라보느냐 역시 역사적으로 만들어진 사회적 편제에서 자유롭지 않은 겁니다.

II──캘리포니아 농업의 기계화와 멕시코인화

마르크스는 생산물 가치의 인하와 관련해 기계 도입의 문턱을 제시했는데요. 자본가는 기계의 가치와 기계가 대체하는 노동력의 가치를 비교합니다. 그런데 실제로 자본가가 지불하는 것은 노동력의 '가치'가 아니라 '가격' 즉 임금입니다. 『자본』에서 자주 쓰는 가정은 아닙니다만, 노동력의 가격을 노동력의 가치보다 낮게 지급하는 것이 가능하다면 계산이 달라질 수 있습니다. 저임금노동자를 고용하는 것이 기계를 사용하는 것보다 더 매력적일 수 있지요.

　　본문에서 언급한 캘리포니아 농업의 사례가 그랬습니다. 저임금 멕시코 노동자들이 유입되면서 캘리포니아 농업의 기계화가 저지된 측면이 있다고 했지요. 그래서 인류학자 후안 V. 팔레름(Juan V. Palerm)은 1940년대부터 1990년대까지 캘리포니아 농업은 '기계화'(mechanization)보다는 '멕시코인화'(Mexicanization)가 되었다고 주장했습니다. 그에 따르면 1960년대 초 토마토 수확 기계가 등장해 큰 주목을 받았으나 기계화는 별로 진척되지 않았고 대부분의 작물은 멕시코 이주노동자들에 의해 수확되었습니다. 1970년대에는 건강에 대한 관심이 일면서 신선한 과일과 채소의 수요가 크게 늘었습니다. 그래서 캘리포니아 농업에 더 많은 자본이 투자되었고 더 많은 경작지가 개발되었습니다. 그러나 기계보다는 저임금노동력에 대한 수요가 더 늘어났습니다. 1980년대에서 1990년대까지도 이런 경향에는 변화가 없었습니다(농업 현대화가 이루어지고 정부의 이민정책이 변했음에도 이 경향은 바뀌지 않았습니다[83]). 작물의 특성상 기계화가 쉽지 않다고는 하지만 굳이 기계화를 할 필요도 없었기 때문입니다. 수확철에만 쓸 수 있는 저임금 노동력을 어렵지 않게 구했으니까요.[84]

　이들 이주노동자들이 어떤 처지에 있을지는 미루어 짐작할 수 있습니다. 임금이 낮은 것은 물론이고 고용도 매우 불안정합니다. 기계화가 되지 않은 만큼 육체노동의 비중이 높겠지요. 작업 자체가 몹시 고됩니다. 본문에서 마르크스가 기계제 대공업 시대 매뉴팩처나 가내공업 노동자들의 처지를 묘사할 때 썼던 문장들을 많은 부분 그대로 가져다 쓸 수 있을 정도지요. 여기에 더해 이들의 신분은 법적으로 매우 취약합니다. 상당수가 불법체류자로 불리는 미등록 이주자들이지요. 언제든 추방될 위험 속에 있는 겁니다.

그런데 캘리포니아 농업의 사례를 잘 살펴보면, '기계화' 대신 나타난 '멕시코인화'가 값싼 임금 때문만이 아니라는 걸 알 수 있습니다. 카를로스 E. 마틴(Carlos E. Martín)에 따르면 캘리포니아 농업의 멕시코인화에는 산업에서의 인종적 편견이 작동하고 있습니다. 그는 19세기 말부터 현재에 이르기까지 캘리포니아 농업이 노동집약적 구조를 계속 유지하는 데는 특정한 인종 그룹이 이런 일에 최적화되어 있다는 믿음이 일정한 영향을 미쳤다고 주장합니다.[85]

마틴에 따르면 19세기 말~20세기 초부터 미국의 백인 농장주들은 힘든 농업노동에서 대개 빠져나옵니다. 농장주들은 이제 더는 농부가 아닌 것이지요. 1860년대에는 중국인들이 유입되었습니다. 캘리포니아 농업 노동자의 80퍼센트 가까이가 중국인이었답니다. 1870~1890년대에는 일본에서 온 이민자들이 중국인 노동자들의 자리를 대체했습니다. 이민정책이 바뀌면서 1920년대부터는 멕시코와 필리핀에서 온 이민자들이 다시 그 자리를 메웠고요. 1930년대 대공황 이후 반이민 정서가 팽배했을 때는 미국 중부의 건조지대에 사는 가난한 백인들이 잠시 그 자리를 메웠습니다[이 백인들은 유색인들과 구분되기는 했지만 기본적으로 '가난한 백인 쓰레기들'(poor white trash)로 불렸다고 합니다]. 그리고 전후 부흥기에 노동력이 부족해지자 다시 멕시코인들을 대거 받아들였습니다.[86]

그러는 동안 농장노동은 힘들고 더러운 일이며 이 일을 하는 사람들은 그런 일을 하게끔 태어난 인종이라는 편견이

고착되었습니다. 마틴은 농장주나 정책 담당자들의 말을 인용하는데요. 이들은 농장노동은 임금에 상관없이 신체적으로나 정신적으로나 그 일에 적합한 인종들의 몫이며 백인들에게는 부적합한 직업이라는 편견을 드러냅니다. "지속적인 노동력 부족을 호소하면서도 농장주들은 농장노동의 인종주의적 구성을 확립했으며, 자신들이 가진 계급적이고 인종주의적인 관념을 확언했다."[87] 즉 값싼 인력을 쉽게 구할 수 있다는 것 외에도 이런 노동을 할 사람들은 따로 있다는 생각이 캘리포니아 농업의 멕시코인화에 영향을 미친 겁니다.

앞서 팔레름의 연구를 소개하면서 1960년대 토마토 농장에 수확 기계가 도입되었다는 이야기를 했는데요. 사실 1960년대 초에 농장 노동자들의 파업이 있었습니다. 1964년에는 멕시코 노동자들을 수용하는 공식 통로였던 '브라케로 프로그램'(Bracero Program)이 종료되었고, 그러자 캘리포니아에 있는 거의 모든 토마토 농장(99.5퍼센트)에서 수확 기계를 도입했습니다. 파업 진압과 제도적 틀의 변경이 기계화를 촉진한 것이지요(우리가 본문에서 본 19세기 영국에서 이루어진 기계화의 맥락과 크게 다르지 않습니다). 그러나 이후에도 토마토 농장에서 저임금노동자에 대한 수요는 여전히 강했습니다.[88] 값싼 노동력의 이용을 포기하고 싶지 않았던 겁니다. 토마토를 수확할 때는 기계를 써도 파종할 때는 이들 노동력을 썼습니다. 그래서 토마토 생산과정에 부분적으로 기계가 도입되기는 했지만 기계화는 좀처럼 확산되지 않았습니다.

그나마 토마토 농장 쪽이 이 정도인 것이고요. 다른 농장에서는 기계화가 거의 이루어지지 않았습니다. 그럼 다른 농장들의 노동수단은 무엇일까요. '엘 코르티토'(el cortito)라고 부르는, 손잡이가 매우 짧은 농기구입니다. 호미처럼 생겼습니다. 노동자들은 계속해서 허리를 구부려야 합니다. 허리에 큰 무리가 가겠지요. 하지만 일할 때마다 노동자들이 허리를 구부려야 하니 농장주가 노동을 감시할 때는 편리했지요. '엘 코르티토'의 문제가 제기될 때마다 농장주들은 이 도구가 밭일에 편리하며, 이들 인종 노동자들은 이미 이 도구에 적합한 신체를 가졌다고 주장했습니다. 이것은 농장노동에 적합한 인종이 따로 있다는 생각으로 이어집니다.[89] 농장주들은 노동수단에 큰 투자를 하지 않고 값싼 노동력을 쉽게 쓰고 버리는 식으로 농장을 운영했습니다. 그러고는 자신들의 행위를 인종주의적 편견에 기대어 정당화했지요.

캘리포니아 농업의 사례를 길게 인용했습니다만 이것은 당연히 캘리포니아 농업에만 해당하는 이야기가 아닙니다. 산업의 기계화 정도나 방향은 해당 사회를 지배하는 인종, 젠더 등과 관련된 차별적 관념들의 영향을 강하게 받습니다. 그리고 다음에는 해당 기계의 사용이 그런 차별적 관념들을 강화하지요. 본문에서 언급한 '재봉틀'에 대해서도 나는 마찬가지 의심을 가지고 있습니다. 재봉틀은 재봉노동이 남성보다 여성에게 적합한 것이라는 편견과 젊은 여성들의 값싼 노동력을 이용하고자 하는 자본가의 열망이 결합하면서 도입된 기계로 보입니다. 그러고 나면 이제 여성이 재봉틀에 최적화된 신체를 타고난 것처럼 보이지요.

　　물론 자본주의와 인종주의, 남성중심주의의 역사를 동일시할 수는 없습니다. 어떤 차별적 관념들은 자본주의보다 더 긴 역사를 가지고 있을 수도 있습니다. 마르크스는 '고급노동'과 '단순노동'의 구분에 대해 "전통적 관습으로만 존재하는 여러 차별"이 개입할 수 있음을 경고한 바 있는데요.[김, 264, 각주 19; 강, 290, 각주 18] 대표적인 예가 여성들의 노동에 대한 평가절하일 겁니다. 여성에 대한 전통적 차별이 자본주의적 형태로 재탄생한 것이라고 할 수 있지요(『생명을 짜 넣는 노동』, 115쪽). 이처럼 자본주의사회가 되면 다양한 차별적 관념들이 자본주의적 형태를 취하게 됩니다. 고용과 임금, 노동환경상의 차별이 나타나지요. 자본가들은 이런 차별을 '이용'합니다. 캘리포니아 농업의 사례는 기계화 또한 이 점에서 예외가 아니라는 사실을 보여주고 있을 따름입니다.

III── 역사적 복수의 규칙

마르크스는 기계제 생산이 노동인구의 확장을 가져왔고 이것이 노동자 가정의 파괴로 이어졌다는 점을 보여주려고 했습니다. 그가 중요한 지표로 내세운 것이 유아사망률입니다. 입에 풀칠이라도 하려면 가족구성원 모두가 일하러 나가야 했기 때문에 유아들이 적절한 돌봄을 받을 수가 없었다는 것이지요. 그런데 마르크스가 나열한 유아들의 사망 원인 중에 '아편중독'이 눈에 띕니다. 아편은 당시 공장 지대는 물론이고 농촌에도 만연했다고 합니다. 그가 인용한 「공중위생 보고서」에 따르면 아편은 "약국에서 가장 잘 팔리는 상품"이었습니다. 성인 노동자는 물론이고 어린아이, 심지어 유아까지도 아편을 먹었다고 합니다. 마르크스는 이를 "영국에 대한 인도와 중국의 복수"라고 썼습니다.[김, 539, 각주 51; 강, 540, 각주 133]

　　"영국에 대한 인도와 중국의 복수"라는 건 '아편전쟁'을 염두에 두고 한 말입니다. 이때 영국이 중국에 판매한 아편은 인도에서 재배된 것입니다. 인도 식민지 정부의 수입(收入) 중 7분의 1이 중국에 대한 아편 수출(輸出)로 얻어질 정도로 그 규모가 컸습니다.[90] 영국에 의해 산업이 초토화된 인도가 아편 재배로 재정을 충당했던 거죠. 영국 자본가들은 인도를 황폐화시키고 그 황폐화된 땅에서 재배한 죽음의 상품을 들고 중국으로 쳐들어갔습니다. 아편전쟁은 돈이 된다면 무슨 짓도 불사하는 자본의 생리가 드러난 전쟁입니다.

　　이 전쟁을 보면 마르크스가 산업자본가의 역사적 탄생을 다루면서 인용한 토머스 J. 더닝(Thomas J. Dunning)의 다음과 같은 언급에 수긍이 갑니다. "상당한 이윤만 있다면 자본은 과감해진다. 10퍼센트의 이윤이 보장되면 자본은 장소를 가리지 않고 투자된다. 20퍼센트라면 자본은 활기를 띠며, 50퍼센트라면 대담무쌍해지고, 100퍼센트라면 인간의 법을 모두 유린할 준비가 되어 있으며, 300퍼센트라면 단두대의 위험을 무릅쓰고라도 범하지 않을 범죄가 없다."[김, 1042, 각주 15; 강, 1019, 각주 250] 자본가는 내세에서 받을 천벌의 형량을 늘릴지언정 현세에서 이윤을 늘릴 기회를 포기하지 않지요.

"영국에 대한 인도와 중국의 복수"라는 표현은 죽음의 상품인 아편이 영국 사회에도 퍼져가는 것을 가리킨 것인데요. 가난한 노동자들과 그들의 아이들이 일차적 희생양이었으므로 마르크스로서도 그리 내키는 언급은 아니었을 겁니다. 그런데 나는 "인도와 중국의 복수"라는 표현에서 마르크스의 글에 종종 등장하는 복수의 규칙 같은 걸 떠올렸습니다. 내 생각에 마르크스에게는 역사적 복수의 두 가지 규칙이 있습니다.

첫 번째 규칙은 가해자가 자신에게 복수할 존재들을 스스로 키우고 그들이 쓸 무기까지 만들어준다는 겁니다.[91] 자신이 자신의 단죄자를 키운 꼴이지요. 일종의 배반이라고 할 수 있습니다. 전형적 예가 1857년에 일어난 인도의 세포이 병사들의 반란입니다. 세포이 병사들은 영국 동인도회사가 고용한 용병들입니다. 마르크스는 이 반란에 대해 몇 편의 기사를 『뉴욕 데일리 트리뷴』에 기고했는데요. 「인도의 봉기」The Indian Revolt라는 기사에서 그는 이렇게 썼습니다. "인류 역사에는 응보(retribution)라고 할 만한 것이 있다. 그리고 이 응보의 무기는 피해자가 아니라 가해자가 주조한다는 것이 역사적 응보의 규칙이다.”[92]

세포이 병사들은 영국인들에게, 산도밍고의 흑인 노예들이 프랑스인들에게 그랬던 것처럼,[93] 잔인하게 복수했습니다. 마르크스의 표현을 옮기면 “실로 소름 끼치고 끔찍하며 필설로 담을 수조차 없는 행위들”이었지요. 물론 이것은 영국 신문들을 통해 전달된 것임을 감안해야 합니다. 마르크스도 이 점을 지적하고 있습니다. “영국군의 잔혹한 행위에 대해서는 진저리쳐지는 세세한 행위들을 생략하고 아주 간략히 무용담으로 서술하는 데 반해, 원주민의 잔악 행위는 비록 그 자체가 공포스러운 것이기는 하나 더욱 고의적으로 과장되어 이야기된다는 사실”을 생각해야 한다고요.[94] 게다가 마르크스에 따르면 세포이 병사들의 행위는 넓게는 유럽인들이 역사 속에서 숱하게 저질러온 것이고, 좁게는 영국이 인도에 저질러온 일들의 재현일 뿐입니다. 아편전쟁에서 영국이 저지른 일은 더 끔찍했습니다. 마르크스에 따르면 영국 장교들 자신이 기록해놓은 자료만 봐도 ‘단순한 재미로’, ‘단지 방탕한 스포츠로서’ 사람을 죽이고 여성을 폭행하고 마을을 불태우는 만행을 저질렀으니까요.[95]

다시 역사적 복수의 규칙으로 돌아가면, 세포이 병사들의 반란은 마르크스가 생각하는 역사적 복수의 규칙을 확인해줍니다. 역사는 가해자가 미처 생각하지 못한 존재로 하여금 복수하게 합니다. 가해자가 자신을 강화하기 위해 만든 존재의 배반을 통해 단죄가 이루어지는 겁니다. 마르크스에 따르면 "프랑스 왕정에 최초의 타격을 가한 것은 농민이 아닌 귀족"이었고, 인도의 봉기는 "영국인들이 고문하고 능욕하고 껍질까지 벗겨낸 인도의 농부들이 아니라, 영국인들이 입을 것과 먹을 것을 제공해주고 귀여워하며 살찌우고 애지중지했던 세포이 병사들"한테서 시작되었으니까요.[96]

　　역사적 복수의 두 번째 규칙은 반작용 혹은 되먹임입니다. 가해자의 악행은 그 전에는 자신과 무관했던 존재를, 양극과 음극처럼 자신과 긴밀히 연관되면서도 상반된 것으로 만드는데요. 일단 이 구조가 만들어지면 이번에는 반대편 극에서 일어나는 일이 그의 운명을 규정할 수 있습니다. 극단에 있는 존재들의 운명이 긴밀하게 얽히는 구조라고 할 수 있지요. 마르크스는 "극과 극은 서로 통한다"(extremes meet)라는 속담처럼 '양극 접촉'(contact of extremes)' 같은 게 있다고 말합니다.[97] 가해자는 자신도 모르는 사이에 저주의 사슬에 들어갑니다. 그의 운명이 자신이 짓밟았던 자의 운명에 의존하는 일이 생기는 것이지요. 지배의 강화가 의존을 심화하는 역설적 구조가 만들어집니다.

　　이 점에서 마르크스는 중국 혁명이 유럽 혁명의 원인이 될 수도 있다고 보았습니다. 영국은 중국의 문을 열고 아편과 면제품을 밀어 넣었습니다. 인도에서 가져온 아편은 중국인들의 정신과 신체를 망가뜨렸고 관리들을 타락시켰습니다. 영국의 면제품들은 인도에서 그랬던 것처럼 중국의 방적공과

직포공의 삶을 무너뜨렸습니다. 전통적 산업이 타격을 입었고 공동체도 붕괴되었습니다. 아편전쟁 패배로 물어내야 했던 전쟁배상금, 아편 무역으로 인한 귀금속 유출, 전통 제조업의 붕괴, 공공행정의 타락으로 중국 인민들은 봉기를 일으킬 수밖에 없었습니다.

참고로 마르크스는 아편전쟁 이후 중국에 혁명의 기운이 감돌고 있으며 사유재산 폐지를 주장하는 개인들이 나타나고 사회주의에 대한 이야기까지 나온다는 소식을 접하고는 이런 상상을 하기도 했습니다. "우리 유럽 반동의 무리들이 아시아로 도망쳐야만 할 때가 닥쳐와서 그들이 마침내 만리장성에 간신히 도착해 원조반동(Urreaktion), 원조보수주의(Urkonservatismus)의 성채로 통하는 문 앞에 섰을 때, 문 위에 이런 표제가 보이지 않는다고 누가 장담하겠는가: 중화공화국. 자유, 평등, 박애."[98]

인도에서 세포이 병사들의 반란이 일어났을 때 중국에서는 태평천국운동이 일어났습니다[마르크스는 『자본』제1장에서 이 일을 언급한 바 있습니다. 물신주의에 빠진 유럽과 인민들이 각성한 중국을 대비했지요(『마르크스의 특별한 눈』, 138~139쪽)]. 마르크스가 보기에 중국 인민들의 봉기는 언제든 유럽 인민의 봉기와 연결될 수 있습니다. 영국과 유럽의 산업적 팽창이 그런 구조를 만들어냈으니까요. "영국이 중국의 혁명을 불러일으켜놓은 지금, 문제는 이 혁명이 조만간 영국에, 그리고 영국을 거쳐 유럽에 어떤 반작용을 가할 것인가 하는 것이다. 이 문제에 답하는 것은 어렵지 않다."[99]

당시에도 이런 영향이 확인되었습니다. 중국의 위기는 시장을 위축시켰고 이로 인해 영국의 면제품과 모제품의 수출이 크게 줄었습니다. 그 대신 영국의 주요 수입품인 차 가격은 폭등했습니다. 이런 상황이 서유럽 지역의 흉작과 맞물렸지요. 차와 곡물 가격이 전반적 물가 폭등을 주도했습니다. 영국에서는 농산물 가격이 20~50퍼센트까지 올랐고, 대륙에서는 호밀의 경우 100퍼센트나 올랐습니다.[100] 마르크스의 표현을 빌리자면, 결국 서유럽은 "질서"를 잡겠다며 중국에 군대를 보냈고 중국으로부터는 "무질서"가 계속해서 유럽으로 날아들었습니다. 마르크스는 기대를 잔뜩 담아 전망했습니다. 중국의 혁명이 영국의 "산업체계라는 화약고"에 불을 던질 것이고, 이것이 대륙의 정치혁명으로 이어질 것이라고.[101] 물론 이 기대는 실현되지 않았습니다. 1850년대 중반 유럽에 큰 공황이 닥치기는 했지만요. 그래도 운명의 사슬이 엮였다는 증거로는 충분합니다.

우리가 이번에 읽은 『자본』 제13장, '기계와 대공업'에서도 역사적 복수의 두 가지 규칙을 확인할 수 있습니다. 자본주의에 대한 역사의 단죄는 누구에 의해 어떤 식으로 이루어질 것인가. 기계제 대공업은 두 가지 단초를 보여주었습니다. 하나는 자본주의가 자본증식을 위해 더욱 발전시키는 기계와 기계노동자들이고, 다른 하나는 상품의 생산과 판매의 지구적 확장입니다. 자본주의가 성장하면서 '지배계급의 악행에 복수할' 거대한 배반과 되먹임의 구조가 만들어지고 있는 겁니다. 그러고 보면 『자본』은 복수와 단죄에 대한 예언서 같기도 합니다. 역사적 복수를 예고하고 다짐하는 목소리가 텍스트 곳곳에 깔려 있습니다. 자본의 운명에 드리운 저주를 계속해서 환기하지요. 인간의 피를 빨고 인간을 잡아먹은 식인의 죄, 동포를 쫓아내고 살해한 "동포살해의 죄"[김, 973; 강, 960]가 악몽처럼 자본을 계속 괴롭힐 것이라고. 심판의 날이 언제일지는 모릅니다. 그러나 그날은 언제나 가까이 있습니다.

1 W. Benjamin, *Über einige Motive bei Baudelaire*, 1939(김영옥·황현산 옮김, 『보들레르의 작품에 나타난 제2제정기의 파리/보들레르의 몇 가지 모티프에 관하여 외』, 도서출판 길, 2015, 240쪽).

2 W. Benjamin, 같은 책, 같은 쪽, 각주 93.

3 K. Marx, *Grundrisse der Kritik der Politischen Ökonomie*, 1857~1858 (김호균 옮김, 『정치경제학 비판 요강』, II, 백의출판사, 2000, 374쪽).

4 "추석 '물량폭탄' 내 목숨을 배달하나요…… 집배원 올 12명 사망"(『동아일보』, 2019. 9. 14, ⟨http://www.donga.com/news/article/all/20190914/97402142/1⟩).

5 K. Marx, "Speech at anniversary of the *People's Paper*", 1856(김태호 옮김, 「1856년 4월 14일 런던 『인민신문』 창간 기념 축하회에서의 연설」, 『카를 마르크스 프리드리히 엥겔스 저작선집』, 제2권, 박종철출판사, 2008, 430쪽).

6 G. Deleuze & F. Guattari, "Bilan-programme pour machine désirantes", *L'Anti-Oedipe*(Nouvelle Édition Augmentée), Minuit, 1972/1973(김재인 옮김, 『안티 오이디푸스』, 민음사, 2014, 632쪽).

7 G. Deleuze & F. Guattari, 같은 책, 같은 쪽.

8 G. Deleuze & F. Guattari, 같은 책, 632쪽과 635쪽.

9 M. Weber, *Politik als Beruf*, 1919(이상률 옮김, 『직업으로서의 학문/직업으로서의 정치』, 문예출판사, 1995, 105쪽).

10 M. Weber, *Wirtschaftsgeschichte*, 1923(조기준 옮김, 『사회경제사』, 삼성출판사, 1991, 307쪽. 번역은 일부 수정).

11 G. Deleuze & F. Guattari, 앞의 책, 634~635쪽.

12 G. Deleuze & F. Guattari, 같은 책, 635쪽.

13 K. Marx & F. Engels, *Manifest der Kommunistischen Partei,* 1848 (최인호 옮김, 『공산주의당 선언』, 『카를 마르크스 프리드리히 엥겔스 저작선집』, 제1권, 박종철출판사, 1993, 405쪽).

14 D. Ricardo, *On the Principles of Political Economy and Taxation,* 1817 (정윤형 옮김, 『정치경제학 및 과세의 원리』, 비봉출판사, 1991, 367쪽).

15 D. Ricardo, 같은 책, 366쪽.

16 Juan Vicente Palerm, *Farm Labor Needs and Farm Workers in California, 1970 to 1989,* California Agricultural Studies 91~92, Employment Development Department, State of California, 1991, p. 109.

17 Aristoteles, *Politika*(천병희 옮김, 『정치학』, 숲, 2009, 25~26쪽).

18 K. Marx, *Grundrisse der Kritik der Politischen Ökonomie,* 1857~1858, 앞의 책, 380쪽.

19 K. Marx, 같은 책, 369쪽.

20 L. Mumford, *Interpretations and Forecasts: 1922~1972,* 1973 (김진욱 옮김, 『개성과 역사』, 종로서적, 1983, 17쪽).

21 A. Ure, *The Philosophy of Manufactures,* Charles Knight, 1835, p. 18.

22 A. Ure, 같은 책, p. 19.

23 A. Ure, 같은 책, p. 20.

24 W. Benjamin, "Über einige Motive bei Baudelaire", 1939 (김영옥·황현산 옮김, 『보들레르의 작품에 나타난 제2제정기의 파리/보들레르의 몇 가지 모티프에 관하여 외』, 도서출판 길, 2015, 219쪽).

25 F. Engels, *Die Lage der arbeitenden Klasse in England,* 1845 (이재만 옮김, 『영국 노동자계급의 상황』, 라티오, 2014, 231쪽, 각주).

26 은유, 『알지 못하는 아이의 죽음』, 돌베개, 2019.

27 A. Ure, 앞의 책, p. 15(유어 책의 원문에 맞게 번역 일부 수정).

28 F. Engels, 앞의 책, 241쪽.

29 F. Engels, 같은 책, 237쪽.

30 F. Engels, 같은 책, 242쪽.

31 F. Engels, 같은 책, 233쪽.

32 F. Engels, 같은 책, 239~241쪽(번역은 수정).

33 "The declaration of the framework knitters, 1 Jan. 1812" in A.
   Aspinall & E. Anthony Smith, eds., *English Historical Documents, XI,
   1783~1832,* Oxford University Press, 1959, p. 531(〈https://
   www.marxists.org/history/england/combination-laws/ned-ludd-
   1812.htm〉, 2019. 10. 30. 최종 접속).

34 "30th July 1819: The trial of Adam Wagstaff at Nottingham Summer
   Assizes for sending a threatening letter in the name of 'Genrall
   Ludd'"(〈http://ludditebicentenary.blogspot.com〉)(2019. 10. 30. 검색).

35 K. Marx & F. Engels, *Manifest der Kommunistischen Partei,* 1848
   (최인호 옮김, 『공산주의당 선언』, 『카를 마르크스 프리드리히 엥겔스
   저작선집』, 제1권, 박종철출판사, 1993, 399쪽).

36 I. Wallerstein, *The Modern World-System III: The Second Era of Great
   Expansion of the Capitalist World-Economy, 1730-1840s,* 1988
   (김인중 외 옮김, 『근대세계체제 III: 자본주의 세계경제의 거대한 팽창의 두
   번째 시대 1730~1840년대』, 까치글방, 1999, 42~45쪽).

37 A. Ure, 앞의 책, p. 369.

38 A. Ure, 같은 책, p. 367.

39 A. Ure, 같은 책, p. 370.

40 "ILO 가사노동협약", 『한겨레신문』, 2011년 6월 17일(〈http://
www.hani.co.kr/arti/international/international_general/483227.html〉,
2019. 10. 30. 최종 접속).

41 한국고용정보원 통계자료(〈http://statistics.keis.or.kr/user/extra/stats/
statscharts2/statsstickline2_4/jsp/Page.do?siteMenuIdx=3141&gbnCd=B0
201|B0203&rangeType=YYYYMM&varTypeCd1=T0029&removeVarCd1=
total|y&intervalL=500&intervalR=20&decimalPlace=2&percent=B0203〉,
2019. 10. 30. 최종 접속).

42 K. Marx, "Revolution in China and in Europe", *New York Daily
Tribune,* June 14, 1853(김태호 옮김, 「중국 혁명과 유럽 혁명」, 『카를
마르크스 프리드리히 엥겔스 저작선집』, 제2권, 박종철출판사, 2008, 403쪽).

43 S. Freud, "Jenseits des Lustprinzips", 1920(박찬부 옮김, 「쾌락 원칙을
넘어서」, 윤희기·박찬부 옮김, 『정신분석학의 근본개념』, 열린책들, 2003).

44 전태일기념관건립위원회 엮음, 『어느 청년 노동자의 삶과 죽음:
전태일 평전』, 돌베개, 1983, 110쪽.

45 전태일기념관건립위원회 엮음, 같은 책, 111~113쪽.

46 박노해, 『노동의 새벽: 박노해 시집, 30주년 개정판』, 느린걸음,
2014.

47 A. Smith, *The Wealth of Nations,* 1776(김수행 옮김, 『국부론』,
동아출판사, 1996, 22쪽).

48 A. Smith, 같은 책, 434쪽.

49 A. Smith, 같은 책, 같은 쪽.

50 A. Smith, *The Theory of Moral Sentiments,* 1759(박세일·민경국 옮김, 『도덕감정론』, 비봉출판사, 1996, 331쪽).

51 현대 기술이 어떻게 인간과 자연을 '닦달하도록' 운명 지어졌는지에 대해서는 M. Heidegger, *Die Technik und die Kehre,* 1962(이기상 옮김, 『기술과 전향』, 서광사, 1993) 참조.

52 R. Owen, *A New View of Society,* 1813(이문창 옮김, 『사회에 관한 새 견해/산업자의 정치적 교리문답/산업적·협동사회적 새 세계』, 형설출판사, 1982).

53 R. Owen, 같은 책, 93쪽.

54 R. Descartes, *Principia Philosophiae,* 1644(원석영 옮김, 『철학의 원리』, 아카넷, 2002, 444쪽).

55 K. Marx, *Grundrisse der Kritik der Politischen Ökonomie,* 1857~1858 (김호균 옮김, 『정치경제학 비판 요강』, II, 백의출판사, 2000, 374쪽).

56 K. Marx, 같은 책, 376쪽.

57 K. Marx, 같은 책, 380쪽.

58 K. Marx, 같은 책, 381쪽.

59 K. Marx, 같은 책, 384쪽.

60 K. Marx, 같은 책, 388쪽.

61 K. Marx, 같은 책, 같은 쪽.

62 K. Marx, 같은 책, 389쪽.

63 K. Marx, "Speech at anniversary of the *People's Paper*", 1856(김태호 옮김, 「1856년 4월 14일 런던 『인민신문』 창간 기념 축하회에서의 연설」, 『카를 마르크스 프리드리히 엥겔스 저작선집』, 제2권, 박종철출판사, 2008, 430~432쪽).

64 K. Marx, 같은 글, 431쪽.

65 K. Marx, 같은 글, 431~432쪽.

66 W. Shakespeare, *Hamlet,* 1609[최종철 옮김, 『햄릿』(제1막 제5장),
    민음사, 2012, 51쪽. 번역은 수정].

67 K. Marx, *Der achtzehnte Brumaire des Louis Bonaparte,* 1852
    (최인호 옮김, 『루이 보나파르트의 브뤼메르 18일』, 『카를 마르크스
    프리드리히 엥겔스 저작선집』, 제2권, 박종철출판사, 2008, 380쪽).

68 K. Marx, "Speech at anniversary of the *People's Paper*", 1856(앞의 책,
    432쪽).

69 F. Wheen, *Karl Marx,* 1999(정영목 옮김, 『마르크스 평전』, 푸른숲, 2002,
    498쪽).

70 M. Gabriel, *Love and Capital,* 2011(천태화 옮김, 모요사, 397쪽).

71 K. Marx, "맨체스터에 있는 엥겔스에게"(1860년 12월 19일 편지),
    MEW 30, 131쪽.

72 K. Marx, "베를린에 있는 페르디난트 라살레에게"(1861년 1월 16일
    편지), *MEW* 30, 578쪽.

73 M. Gabriel, 앞의 책, 707쪽에서 재인용.

74 F. Wheen, 앞의 책, 498쪽에서 재인용.

75 F. Wheen, 같은 책, 500쪽에서 재인용.

76 F. Wheen, 같은 책, 500~504쪽.

77 F. Wheen, 같은 책, 504~505쪽.

78 K. Marx, *Grundrisse der Kritik der Politischen Ökonomie,* 1857~1858
    (김호균 옮김, 『정치경제학 비판 요강』, Ⅰ, 백의, 2000, 219쪽).

79 데이비드 하비는 『자본』에 대한 해설서에서 이 주석을 마르크스의
    방법론을 이해할 수 있는 '중요한 각주'라며 많은 지면을 할애해서
    별도로 다루고 있다. D. Harvey, *A Companion to Marx's Capital*, 2010
    (강신준 옮김, 《데이비드 하비의 맑스 『자본』 강의》, 창비, 2014, 348-
    367쪽).

80 K. Marx & F. Engels, *Die deutsche Ideologie*, 1845(최인호 옮김, 『독일
    이데올로기』, 『카를 마르크스 프리드리히 엥겔스 저작선집』, 제1권,
    박종철출판사, 1993, 197쪽).

81 K. Marx, 같은 책, 205쪽.

82 K. Marx, "맨체스터에 있는 엥겔스에게"(1862년 6월 18일 편지), *MEW*
    30, 249쪽.

83 J. V. Palerm, "A Season in the Life of a Migrant Farm Worker in
    California", *The Western Journal of Medicine*, 157(3), 1992, p. 365.

84 J. V. Palerm, 같은 논문, p. 364.

85 C. E. Martín, "Mechanization and 'Mexicanization': Racializing
    California's Agricultural Technology", *Science as Culture*, Vol. 10(3),
    2001, p. 304.

86 C. E. Martín, 같은 논문, pp. 305~307.

87 C. E. Martín, 같은 논문, p. 309.

88 C. E. Martín, 같은 논문, p. 313.

89 C. E. Martín, 같은 논문, p. 318.

90 K. Marx, "Revolution in China and in Europe", *New York Daily
    Tribune*, June 14, 1853(김태호 옮김, 「중국 혁명과 유럽 혁명」, 『카를

마르크스 프리드리히 엥겔스 저작선집』, 제2권, 박종철출판사, 2008, 408~409쪽).

91 "부르주아지는 자신에게 죽음을 가져올 무기들을 벼려낸 것만이 아니다; 그들은 이 무기들을 쓸 사람들도 만들어냈다—현대 노동자들, 프롤레타리아들을." K. Marx & F. Engels, *Manifest der Kommunistische Partei*, 1848(최인호 옮김, 『공산주의당 선언』, 『카를 마르크스 프리드리히 엥겔스 저작선집』, 제1권, 박종철출판사, 1993, 406쪽).

92 K. Marx, "The Indian Revolt", *New York Daily Tribune*, Sept. 4, 1857(김태호 옮김, 「인도의 봉기」, 『카를 마르크스 프리드리히 엥겔스 저작선집』, 제2권, 박종철출판사, 2008, 438쪽).

93 산도밍고인들(아이티인들)의 프랑스에 대한 복수에 대해서는 C. L. R. James, *The Black Jacobins*, 1938(우태성 옮김, 『블랙자코뱅』, 필맥, 2007) 참조. 마르크스는 「인도의 봉기」에서 세포이 병사들의 반란을 다루며 스쳐가듯 산도밍고인들의 복수를 언급하고 있다. K. Marx, "The Indian Revolt"(앞의 책, 441쪽).

94 K. Marx, 「인도의 봉기」, 앞의 책, 440~441쪽.

95 K. Marx, 같은 글, 439쪽.

96 K. Marx, 같은 글, 438~439쪽.

97 K. Marx, 「중국 혁명과 유럽 혁명」, 앞의 책, 402쪽.

98 K. Marx & F. Engels, "Revue(Januar/Februar 1850)", *Neue Rheinische Zeitung Politisch-ökonomie Revue*, 1850(*MEW* 7), 222쪽.

99 K. Marx, 같은 글, 같은 책, 404~405쪽.

100 K. Marx, 같은 글, 같은 책, 407쪽.

101 K. Marx, 같은 글, 같은 책, 408쪽.

〈북클럽『자본』〉 Das Buch Das Kapital

8──자본의 꿈 기계의 꿈

지은이   고병권
2019년 12월 30일 초판 1쇄 발행
2021년 6월 7일 초판 2쇄 발행

책임편집   남미은
기획·편집   선완규·김창한·윤혜인
디자인   심우진 simwujin@gmail.com
활자   「Sandoll 정체」 530, 530i, 630
펴낸곳   천년의상상
등록   2012년 2월 14일 제2020-000078호
전화   (031) 8004-0272
이메일   imagine1000@naver.com
블로그   blog.naver.com/imagine1000

ⓒ고병권, 2019

"본문에 〈시다의 꿈〉 전문 인용을 허락해준 박노해 시인과 느린걸음 출판사에
특별한 감사를 전합니다."

ISBN 979-11-90413-03-9 04100
         979-11-85811-58-1 (세트)

잘못된 책은 구입처에서 바꾸어드립니다.